1 3 5 4 2

© 2023 Ravensburger Verlag GmbH
Postfach 2460, D-88194 Ravensburg

Illustration: Elke Broska
Text: Anja Kiel
Anja Kiel wird vertreten durch Agentur Brauer
(zuständige Agentin: Ulrike Schuldes).

Alle Rechte vorbehalten.
Printed in Germany

ISBN 978-3-473-46263-6

ravensburger.com

Lara und die freche Elfe

Zauberhafte Vorlesegeschichten

Erzählt von Anja Kiel
Mit Bildern von Elke Broska

Ravensburger

Inhalt

Eine zauberhafte Begegnung 9

Echte Prinzessinnen 35

Tanz auf dem Dachboden 61

Abenteuer auf dem Ponyhof 87

Ein aufregender Schultag. 115

Lara liegt im Bett. Sie hält ihre Elfenpuppe Bella im Arm. Auf der Bettkante sitzt Papa und liest Lara eine Gutenachtgeschichte aus ihrem Lieblingsbuch vor. Lara hat die Geschichte bestimmt schon hundertmal gehört und kann sie beinahe auswendig. Trotzdem möchte sie sie immer wieder hören, weil sie so schön ist.

„Und dann tanzten alle Elfen über die Blumenwiese", liest Papa.

„Ende", sagt Lara.

„Genau!" Papa klappt das Buch zu und legt es auf Laras Nachttischchen. Er gibt Lara einen Kuss. „Gute Nacht, mein Schatz. Schlaf gut und träum was Schönes!"
„Wovon soll ich denn träumen?", fragt Lara wie fast jeden Abend.
„Hm …" Papa überlegt. „Vielleicht von großen bunten Schmetterlingen?"
„Ach nee …", sagt Lara.
„Oder vom Tanzen wie eine Ballerina auf einer großen Bühne?", schlägt Papa vor.
„Hm, weiß nicht", sagt Lara.
„Oder vielleicht von zauberhaften Elfen auf einer Blumenwiese? Vielleicht bist du im Traum selbst eine Elfe!" Papa lächelt.
Da muss Lara auch lächeln. Elfentraum. Das ist eine gute Idee. Es gibt nichts Wunderbareres als Elfen. An Laras Zimmerwänden hängen Bilder von Elfen. Die hat sie selbst gemalt. Sie hat auch viele Bücher über Elfen. Sogar auf ihrem rosa Nachthemd ist eine Elfe abgedruckt. Ist ja klar, dass Lara am liebsten selbst eine Elfe wäre!
„Das mach ich, Papa. Ich träume davon, eine Elfe zu sein."
Sie kuschelt sich mit Bella noch tiefer unter die Bettdecke, die natürlich genauso rosa ist wie Laras Nachthemd – schließlich ist rosa ihre Lieblingsfarbe!
Es klopft und Mama kommt herein.

„Schlaf gut, meine Süße", sagt sie und gibt Lara auch einen Gutenachtkuss.

„Ich träume heute Nacht von Elfen!", sagt Lara. „Papa hatte die Idee."

„Ach, wie ist er bloß darauf gekommen?", fragt Mama und kneift ein Auge zu. „Warum willst du denn ausgerechnet von Elfen träumen?"

Lara stutzt. „Weil Elfen einfach …", fängt sie an, bevor Mama grinsend fortfährt: „… wunderbar und zauberhaft sind. Weiß ich doch, meine kleine Elfe!"

Mama und Papa gehen aus dem Zimmer und machen leise die Tür zu.

Lara seufzt. Draußen ist es immer noch hell. Das kann Lara sehen, obwohl die Vorhänge zugezogen sind. Wie soll sie da schlafen? Sie ist auch gar nicht müde. Träumen möchte sie trotzdem. Aber sie kann ja mit offenen Augen träumen. Lara überlegt, wie es wäre, eine Elfe zu sein. Eine zarte Elfe, die auf ein Fest im Märchenland eingeladen ist. Das kann sie sich richtig gut vorstellen. Sie tanzt im Märchenland im Mondlicht und unter funkelnden Sternen auf einer Blumenwiese, zusammen mit ihren Freundinnen, den anderen Elfen. Alle tragen wunderschöne Kleider. Auch ein Elfenprinz ist auf dem Fest. Er ist viel netter und hübscher als die Jungs, die Lara kennt. Er will die schönste Elfe heiraten und das ist natürlich Lara. Obwohl – um ehrlich zu sein, will Lara noch nicht heiraten. Das ist sicher langweilig. Außerdem ist sie dafür noch viel zu jung. Sie will lieber mit den anderen Elfen spielen. Aber was spielen Elfen wohl? Bevor Lara etwas einfällt, hört sie plötzlich ein *Rums*. Erschrocken setzt sie sich im Bett auf. Was war das denn? Etwas scheint gegen ihr Fenster geknallt zu sein. Ein Vogel vielleicht? Das ist vor ein paar Tagen schon einmal passiert. Eine Amsel war tagsüber gegen das Wohnzimmerfenster geflogen. Sie hatte anscheinend die Glasscheibe nicht gesehen. Der Vogel war kurz benommen gewesen, konnte

sich dann aber glücklicherweise aufrappeln und weiterfliegen. Lara hatte trotzdem einen gehörigen Schrecken bekommen.

Ob sie nach Mama und Papa rufen soll? Ach was, die möchten jetzt bestimmt ihre Ruhe haben. Lara kann erst mal selbst nachgucken. Zwar soll sie eigentlich nicht mehr aufstehen, aber es könnte ja wirklich sein, dass da draußen ein verletzter Vogel liegt! Dann muss Lara ihm doch helfen. Sie schlägt ihre Decke zurück und schlüpft in die flauschigen Pantoffeln mit den Hasenohren, die neben dem Bett stehen. Sie schleicht zum Fenster und zieht die Vorhänge zur Seite. Sehen kann sie trotzdem kaum etwas. Lara holt ihre kleine Fußbank aus der Ecke und stellt sich darauf. So kann sie den Griff erreichen, um das Fenster zu öffnen. Puh, das ist schwer. Aber sie schafft es.

Lara späht in den Garten. Tatsächlich, da liegt etwas im Gras. Es bewegt sich! Also ist es am Leben. Moment, das ist kein Vogel! Auch ein Eichhörnchen ist es nicht und kein Igel. Was ist es dann? Da taucht ein kleiner Kopf auf. Lara schnappt nach Luft. Im Gras hockt ein winziges Mädchen! Es ist kaum größer als Papas Hand und trägt ein rot getupftes gelbes Kleidchen. Feine Flügel schauen hinten aus dem Kleidchen heraus. Die Haare des Mädchens sind rabenschwarz und so struppig, dass sie nach allen Seiten wild abstehen.

Lara klopft das Herz bis zum Hals, während sie sich weit aus dem Fenster lehnt.
„Wer bist du denn?", fragt sie mit zittriger Stimme.

Das kleine Mädchen steht auf und reibt sich die Stirn. Es ist wirklich erstaunlich klein. Unglaublich. Es grinst Lara an.
„Ich bin eine Elfe und heiße Fritzi", sagt sie.
Eine Elfe? Kann das denn sein? Lara zwickt sich selbst in den Arm. Das muss ein Traum sein! Aber das Zwicken tut weh und das Mädchen steht immer noch im Gras und reibt sich die Stirn.
„Hast du dir wehgetan?", fragt Lara.
„Ein bisschen", sagt Fritzi. „Du hast ein richtig blödes Fenster! Mit einer richtig harten Fensterscheibe."

„Hast du das Fenster denn nicht gesehen?", fragt Lara.
„Nö", sagt die angebliche Elfe. „Ich hab mich zu der Libelle umgedreht, die hinter mir flog. Und als ich wieder nach vorne guckte, war da plötzlich die Fensterscheibe. Boing! Bestimmt habe ich jetzt eine Beule."
„Soll ich dir einen Kühlbeutel holen?", fragt Lara. Sie bekommt immer einen Kühlbeutel, wenn sie sich irgendwo gestoßen hat. Dann gibt es keine Beule, höchstens einen blauen Fleck.
„Einen Kühlbeutel? Was soll das denn sein? So was wie ein Turnbeutel oder ein Windbeutel?" Fritzi lacht. „Nee, nee, darauf kann ich gut verzichten." Sie streicht sich durch die Haare, die dadurch noch wilder vom Kopf abstehen.

Lara ist verwirrt. Kann dieses freche kleine Mädchen wirklich eine Elfe sein? Lara hat immer gedacht, dass Elfen lange blonde Locken haben, so wie sie selbst. Elfen haben doch nicht so eine struppige Frisur! Und das Kleid, das Fritzi trägt, sieht auch wenig elfenhaft aus. Elfen tragen feine Kleider in Rosa oder Lila, hauchzart aus Seide. Und vor allem sind Elfen lieb und höflich. Blödes Fenster? Das würde eine Elfe niemals sagen!

Fritzi reißt Lara aus ihren Gedanken, als sie aus dem Gras hochflattert und auf dem Fensterbrett landet.
„He, wie immer du heißt! Wer bist du denn? Hat es dir die Sprache verschlagen?", fragt sie und stemmt die Hände in die Seiten.
Lara wird rot. Das war wirklich unhöflich, dass sie sich nicht vorgestellt hat.

„Ich heiße Lara", sagt sie hastig. „Ich bin ein Mädchen. Ein Menschenmädchen."

Die Elfe nickt. „Okay, Lara-Menschenmädchen. Wie wäre es, wenn du endlich rauskämst und mit mir spielen würdest? Zum Trost, weil ich von deinem Fenster eine Beule bekommen habe."

Rausgehen? Jetzt?

„Es ist längst Schlafenszeit!", sagt Lara mit strengem Gesicht. „Zum Rausgehen und Spielen ist es viel zu spät."

„Ach was!" Die Elfe kichert. „Klettere einfach aus dem Fenster, dann merkt das keiner. Schau, wie hell es noch ist."

Lara überlegt. Soll sie wirklich einfach rausgehen? Und wenn Mama oder Papa doch etwas merken? Dann sind sie böse auf Lara. Das kann sie schlecht ertragen. Andererseits ist Lara immer noch richtig wach. Außerdem könnte sie mit einer echten Elfe spielen! Das hat Lara sich schon lange gewünscht und das ist etwas ganz Besonderes. Wahrscheinlich könnten Mama und Papa das sogar verstehen. Aber fragen mag Lara lieber nicht. Wer weiß, wie Erwachsene auf Elfen reagieren?

Sie gibt sich einen Ruck.

„Moment, ich komme gleich, ich hole nur meine Strickjacke!", flüstert sie.

„Quatsch, es ist Sommer, falls du es noch nicht bemerkt hast!", meint Fritzi. „Draußen ist es schön warm."
Lara geht trotzdem zum Schrank, öffnet ihn leise und holt ihre rosa Lieblingsjacke heraus. Schnell streift sie sie über, bevor sie noch einmal in den Flur hineinlauscht. Von Mama und Papa ist keine Spur zu sehen oder zu hören. Vorsichtig steigt Lara auf die Fußbank und klettert von dort auf das Fensterbrett. Das hat sie noch nie gemacht! Wie gut, dass ihr Zimmer im Erdgeschoss liegt. Lara streckt die Beine nach draußen und lässt sich dann ins weiche Gras fallen.
Draußen ist es noch lange nicht dunkel. Es ist ein richtig schöner Sommerabend. Die Grillen zirpen und in der Ferne bellt ein Hund. Wie gut, dass Mama und Papa drinnen vor dem Fernseher sitzen statt draußen im Garten.
„Und was spielen wir jetzt?", fragt Lara. „Tanzen wir über die Blumenwiese wie die Ballerinen?" Sie hebt die Arme über den Kopf und dreht sich einmal um die eigene Achse. Sie könnte der Elfe zeigen, was sie letztens im Ballettunterricht gemacht haben.
Doch Fritzi flattert schon an ihr vorbei. Aufgeregt tapst Lara auf ihren Hasenpantoffeln hinter der Elfe her durchs Gras. „Warte doch!", ruft sie leise.
Fritzi fliegt einen Bogen und landet auf Laras Schulter. Wie leicht sie ist! Ihre zarten Flügel kitzeln Lara am Kinn.
„Sollen wir tanzen?", fragt Lara noch einmal.

Die Elfe kichert. „Nein,
tanzen ist langweilig", sagt sie.
„Ich weiß was Besseres. Wir naschen
Kirschen."
Kirschen? Woher sollen sie die denn nehmen?
Außerdem ist tanzen überhaupt nicht langweilig,
findet Lara.

Fritzi zeigt zum Zaun. „Guck mal, der Kirschbaum da drüben! Da hängen ganz viele leckere rote Kirschen dran. Die müssen dringend gegessen werden."
Lara bekommt weiche Knie vor Schreck. Der Kirschbaum steht im Garten der Nachbarn. Sie müsste über den Zaun klettern. Das ist streng verboten! Und Kirschen stibitzen ist erst recht verboten! Die wollen die Nachbarn sicher selbst essen.

Bevor Lara protestieren kann, ist Fritzi von ihrer Schulter gesprungen. Sie breitet die Flügel aus und überquert in Sekundenschnelle den Zaun zum Garten der Nachbarn. Das ist kein Kunststück, wenn man fliegen kann. Lara kann das nicht. Aber sie will jetzt auf keinen Fall wieder ins Bett gehen. Also schaut sie sich rasch nach allen Seiten um. Kein Mensch ist zu sehen. Nicht einmal im Garten der Nachbarn. Ob die alle vor dem Fernseher sitzen? Lara lauscht angestrengt. Sie hört nur die Grillen zirpen. Sogar der Hund hat aufgehört zu bellen. Lara holt tief Luft. Dann läuft sie zum Zaun. Der ist ganz schön hoch. Aber ein dichtes Gebüsch wächst nahe am Zaun. Das kann Lara als Leiter benutzen. Trotzdem dauert es ein Weilchen, bis sie über den Zaun geklettert ist. Zweimal muss sie ihre Pantoffeln wieder

zurechtrücken. Dann steht sie endlich auf der Wiese der Nachbarn, die dringend mal gemäht werden müsste.
Wo ist Fritzi? Lara ruft leise nach der Elfe. Keine Antwort. Lara wird es heiß. Was hat sie bloß gemacht? Und was soll sie jetzt tun? Geduckt schleicht sie zum Kirschbaum und lugt nach oben.
„Fritzi?", ruft sie noch einmal.
„Hier bin ich!", ruft Fritzi. Etwas Gelbes blitzt durch die Äste. Tatsächlich: Fritzi sitzt schon oben im Kirschbaum auf einem breiten Ast. Sie hält eine Kirsche in beiden Händen.

Die ist fast so groß wie ihr Kopf. Fritzi beißt hinein, sodass Kirschsaft über ihr Kinn läuft. Er tropft auf ihr gelbes Kleidchen und fügt ihm weitere rote Tupfen hinzu. Die Elfe schmatzt so laut, dass Lara es bis unten hören kann.
Lara läuft das Wasser im Mund zusammen. Kirschen sind so lecker! Sie hat große Lust, ein paar zu essen. Wenn nur der Baum nicht so hoch wäre!
„Komm schon!", ruft die Elfe mit vollem Mund. „Trau dich!"
Der Baum ist zwar hoch, aber er hat viele Äste, an die Lara gut herankommt. Sie greift nach dem untersten Ast und zieht sich daran hoch. Dann klettert sie vorsichtig immer höher. Wann ist sie eigentlich das letzte Mal so viel geklettert wie heute? Das Klettern macht Spaß. Je höher Lara kommt, desto sicherer wird sie.
„Da bist du ja." Die Elfe lacht. Lara rutscht neben sie auf den Ast.
„Bedien dich!", sagt die Elfe.
Lara zögert.
„Das ist Klauen", sagt sie. „Klauen ist verboten!"
„Och", sagt die Elfe. „Die Leute, die hier wohnen, lassen die meisten Kirschen am Baum vergammeln. Die sind froh, wenn jemand die isst. Probier mal!"
Da lässt Lara sich nicht länger bitten. Mit der einen Hand hält sie sich am Baumstamm fest und mit der anderen greift sie nach den Kirschen. Sie steckt sich gleich mehrere in den

Mund. Wie lecker sie sind! Nun läuft auch Lara der Kirschsaft übers Kinn. Sie leckt sich über die Lippen, trotzdem landen ein paar Tropfen auf ihrer Jacke. Sofort breiten sich dort rote Flecken aus. Oje! Ob die Flecken wieder rausgehen? Lara muss die Jacke morgen sofort in Wasser einweichen, damit Mama nichts merkt. Aber jetzt sitzt sie erst mal oben im Baum. Zusammen mit einer echten Elfe. Lara grinst und spuckt die Kirschkerne in hohem Bogen ins Gras.

„Das war aber toll!" Die Elfe sieht Lara bewundernd an. Kirschkerne spucken kann sie nicht, die sind nämlich zu groß für ihren kleinen Mund. Sie lässt die Kerne einfach auf den Boden fallen. Vielleicht wachsen ja neue Kirschbäume daraus.

Lara und Fritzi essen, bis sie beinahe platzen. Trotzdem hängen noch unzählige Kirschen im Baum. Lara ist erleichtert. So werden die Nachbarn vermutlich nicht merken, dass ein paar fehlen.

„Rote Kirschen ess ich gern", singt Lara leise.

„… und ich ess sie noch lieber", singt Fritzi.

„… die schmecken Elfen nah und fern", dichtet Lara.

„… immer, immer wieder!", schmettert Fritzi.

„Pst!", mahnt Lara. „Sonst werden wir noch erwischt."
Sie baumelt mit den Beinen. „Was machen wir als Nächstes?", fragt sie.

„Hm." Fritzi überlegt.
Unten raschelt etwas im Gras. Ein kleines Tier?
„Ich weiß was! Wir streicheln jetzt Kröten!" Fritzi springt vom Ast und flattert nach unten ins Gras. Dort verschwindet sie in einem Gebüsch.
Kröten? Lara schüttelt sich. Kröten sind eklig! Lara mag Tiere gern. Kaninchen zum Beispiel mit ihrem weichen Fell oder Rehe mit ihren schönen dunklen Augen. Oder bunte

Schmetterlinge mit zarten Flügeln. Aber Kröten? Das sind doch keine Tiere für Elfen!

Vorsichtig klettert Lara vom Baum. Sie entdeckt die Elfe am Zaun. Neben ihr hockt eine riesige Kröte. Die ist fast so groß wie Fritzi.

Leise geht Lara näher. Sie will die Kröte nicht erschrecken. Das Tier ist braun mit rötlichen Tupfen. Es blickt Lara mit seinen großen Augen an. Die leuchten wie Gold. Schön sieht das aus. Lara bückt sich und streckt langsam die Hand aus. Sind Kröten vielleicht giftig? Vorsichtig tätschelt Lara sie. Das Krötentier fühlt sich knubblig an und trocken. Gar nicht glitschig und eklig, wie Lara es vermutet hatte. Trotzdem

wischt sie sich vorsichtshalber die Hände an ihrer Jacke ab. Die hat ja sowieso schon Flecken.

„Streicheln wir noch andere Tiere?", fragt Lara, als die Kröte schwerfällig davonwackelt.
„O ja, das Einhorn dort!", sagt Fritzi.
Ein Einhorn? Lara reckt den Hals. Sie kann kein Einhorn erblicken.
„Reingelegt!" Die Elfe kichert frech. „Einhörner gibt's nämlich gar nicht."
„Haha", sagt Lara und denkt, dass es Elfen eigentlich auch nicht gibt.
Die Elfe schüttelt den Kopf. „Genug gestreichelt. Lass uns was spielen! Wie wär's mit Fangen? Los, fang mich doch!"
Blitzschnell verschwindet Fritzi hinter einem Busch.
Lara zögert. Mittlerweile ist es ein ganzes Stück dunkler geworden. Die Sonne ist schon fast untergegangen. Und ein wenig müde ist Lara auch. Vielleicht geht sie besser zurück ins Haus?
Da hört sie einen spitzen Schrei. Fritzi! Es klingt, als ob die Elfe Angst hat. Lara rennt zum Gebüsch. O nein, ein Tier hat sich Fritzi geschnappt. Lara kennt es gut, es ist der getigerte Kater Leo von gegenüber. Vor Katzen hat Lara

keine Angst. Sie hat Leo schon oft gestreichelt. Aber Lara weiß auch, dass Leo oft Vögel fängt oder Mäuse und Nachtfalter. Das hat ihr Frau Müller erzählt, sein Frauchen. Besonders in der Dämmerung geht Leo gerne auf die Jagd. Bestimmt denkt er, dass Fritzi eine Maus ist!
„Hilfe! Hilfe!", schreit die Elfe.

Der Kater schüttelt Fritzi.

„Lass sie los!", schreit Lara und vergisst, dass sie leise sein sollte. Doch Leo lässt sich nicht von ihrer lauten Stimme beeindrucken. Als Lara einen Schritt auf ihn zugeht, weicht Leo zurück. Katzen können sehr schnell rennen. Lara hätte keine Chance, Leo die Elfe abzunehmen. Sie denkt fieberhaft nach. Und plötzlich hat sie eine Idee.

Ganz langsam, um den Kater nicht zu verscheuchen, bückt sie sich. Sie zieht ihre Hasenpantoffeln von den Füßen.

Das Gras ist feucht und kühl. Aber das ist Lara egal. Sie holt aus und schleudert erst den einen Pantoffel, dann den anderen direkt neben den übermütigen Leo. Der Kater erschrickt. Er lässt die Elfe los und läuft miauend davon.

Puh, das war knapp!

Und Fritzi? Die fliegt wie der Wind sofort davon. Sie fliegt über den Zaun in Laras Garten. Wo will sie nur hin?

Lara greift nach ihren Pantoffeln und rennt zum Zaun. So schnell sie kann, klettert sie hinüber. Dabei schürft sie sich die Knie auf, aber sie spürt es kaum.

„Fritzi?", ruft sie leise, als sie wieder in ihrem Garten steht. Etwas Kleines fliegt auf Laras geöffnetes Fenster zu und verschwindet im Zimmer. Fritzi!

Lara läuft zum Haus. Ein kurzer Blick zum Wohnzimmerfenster verrät ihr, dass Mama und Papa noch immer vor dem Fernseher sitzen. Ein Glück!

Lara zieht sich an der Fensterbank ihres Zimmers hoch und klettert hinein. Drinnen knallt sie das Fenster zu.
Oh, das war laut! Bestimmt haben Mama und Papa das gehört. Lara zieht eilig die Strickjacke aus, wirft sie über ihren Schreibtischstuhl und springt ins Bett. Kaum hat sie die Bettdecke über sich und die Elfe gezogen, kommt Mama herein.
„Was war das für ein Geräusch?", fragt sie.
„Ein Geräusch?" Lara zuckt mit den Schultern. Dann gähnt sie extra laut. „Ich hab nichts gehört. Das war bestimmt in eurem Film, den müsst ihr mal leiser stellen!"
Mama runzelt die Stirn. „Nee, das war nicht im Film. Komisch. Na ja, dann schlaf schön."
Mama ist schon fast wieder aus dem Zimmer, als Lara sich im Bett aufrichtet. „Weißt du was, Mama?", sagt sie.
„Was denn, mein Schatz?", fragt Mama und dreht sich zu ihr um.
„Ich weiß schon, was ich mir zum Geburtstag wünsche!", sagt Lara.
„Aha, was denn?", fragt Mama.
„Ich wünsche mir ein Elfenkleid", sagt Lara.
Mama grinst. „In Rosa! Wetten?"
„Nein." Jetzt grinst auch Lara. „Elfenkleider müssen gelb sein. Gelb mit roten Tupfen!"

„Soso", sagt Mama. „Gelb mit Tupfen? Ich hätte nicht gedacht, dass Elfenkleider so aussehen."
„Du kennst dich eben nicht so gut mit Elfen aus", sagt Lara nachsichtig.
„Nicht so gut wie du, das stimmt wohl", sagt Mama lächelnd. „Aber jetzt wird geschlafen!"
Sie pustet Lara noch einen Luftkuss zu und schließt dann die Tür hinter sich.
Die Elfe regt sich unter Laras Bettdecke. Langsam kommt ihr strubbeliger Kopf hervor.

„Hattest du große Angst?", fragt Lara.
„Nö, höchstens ein bisschen", behauptet die Elfe. Aber sie ist immer noch ziemlich blass. Das kann Lara sogar im schwachen Schein des Nachtlichts erkennen.
„Bei mir bist du sicher", sagt Lara.
Die Elfe kratzt sich am Kopf.
„Wünschst du dir wirklich ein Elfenkleid?", fragt sie.
„Klar", sagt Lara. „Ich finde Elfen toll. Obwohl ich mir Elfen immer etwas anders vorgestellt hatte." Sie schielt zu den rosa gekleideten Elfen an ihrer Wand. „Aber jetzt, wo ich eine echte Elfe kenne, finde ich Elfen noch toller."
Fritzi kichert. „Elfen sind ja auch toll. Besonders ich. Ich bin doch toll, oder? Und weißt du, was ich mir wünsche?"
„Nee", sagt Lara gespannt.
„Ich wünsche mir Hasenpantoffeln", sagt Fritzi und deutet auf die etwas zerrupften Pantoffeln neben dem Bett.
„Flauschige Hasenpantoffeln in schönem Lara-Rosa. Dann haben alle wilden Tiere Angst vor mir!"
Lara lächelt. Sie merkt, wie ihre Augenlider langsam schwer werden. Es ist sicher schon richtig spät.
„Willst du bei mir übernachten, Fritzi?", fragt sie.
Die Elfe schüttelt den Kopf. „Ich muss heim. Aber es war schön, dich kennenzulernen, Lara-Mädchenmensch! Und wenn ich darf, komme ich dich bald wieder besuchen."
Lara bekommt ein warmes Gefühl im Bauch.

„Natürlich darfst du!", sagt sie, bevor sie für Fritzi das Fenster öffnet. Sie winkt der Elfe nach, die im Mondlicht verschwindet.
Eigentlich brauche ich gar kein Elfenkleid, denkt sie. Ich habe jetzt eine Elfenfreundin. Das ist noch viel, viel schöner!

Echte Prinzessinnen

Lara schlägt die Augen auf. Heute ist Sonntag, erinnert sie sich. Sonntags wollen Mama und Papa immer ausschlafen. Lara findet das langweilig. Dann verpasst man doch so viel! Aber was soll sie machen so allein? Ein Buch angucken? Ein Hörspiel hören? Mit Puppe Bella spielen? Nein, auf all das hat sie keine Lust. Es wäre so schön, wenn Fritzi da wäre. Es ist nun schon einige Tage her, dass sie die Elfe kennengelernt hat. Leider hat Fritzi sich seitdem nicht mehr blicken lassen. Manchmal fragt sich Lara, ob sie das alles nur geträumt hat.

Jetzt hat sie jedenfalls Hunger. Das ist nicht geträumt. Ihr Magen knurrt fast so laut wie ein Drache oder ein Wolf. Höchste Zeit fürs Frühstück!

Lara schlägt die Decke zurück, schlüpft in ihre rosa Hasen-pantoffeln und tapst in die Küche. Brötchen sind natürlich noch keine da, Mama und Papa schlafen ja noch. Und das Toastbrot ist alle. Da knurrt Laras Magen schon wieder. Schnell holt sie eine Schale aus dem Schrank. Die Schale hat ihr Tante Sarah zum letzten Geburtstag geschenkt. Vorne ist eine Krone aufgedruckt. Dazu passt Laras Lieblingsbecher, den sie nun aus dem Regal nimmt. Die Prinzessin auf dem Becher sieht fast so aus wie Lara. Vom Knuspermüsli ist zum Glück noch was da. Lara schüttet ordentlich Müsli in die Schale. Sie überlegt kurz, dann nimmt sie die Packung mit dem Erdbeerpulver aus dem Schrank und rührt gleich

mehrere Löffel
davon in die Milch. So
schmeckt das Müsli noch besser! Gut,
dass Mama das nicht sieht.
„Das besteht nur aus Zucker und Aroma!", schimpft sie
immer, wenn Lara zu viel von dem Erdbeerpulver nimmt.
Aber wofür haben sie das Erdbeerpulver denn überhaupt?
Mit dem Müslischälchen und einem Becher Orangensaft
setzt sich Lara an den Küchentisch. Lecker! Endlich hört ihr
Magen auf zu knurren.
Da klopft es leise ans Fenster. Lara blickt auf. Vor Freude
wird sie ganz rot. Draußen auf der Fensterbank steht Fritzi!

Ihre schwarzen Haare sind genauso verstrubbelt wie
bei ihrem ersten Treffen. Die Elfe ist also tatsächlich
zurückgekommen. Sie möchte Laras Freundin sein!
Das Küchenfenster lässt sich leichter öffnen als Laras
Kinderzimmerfenster. Sie muss nur einen Blumentopf zur
Seite räumen. Fritzi fliegt durch das geöffnete Fenster
und landet genau zwischen der Müslischale und dem
Prinzessinnenbecher.
„Was hast du alles erlebt in den letzten Tagen?", fragt Lara
neugierig.
„Och, dies und das", sagt die Elfe. „Ich habe gegen Drachen
gekämpft und bin auf Wölfen geritten."
„Quatsch!", sagt Lara. „Drachen gibt es doch gar nicht.
Die gibt es höchstens im Fernsehen oder in Büchern oder
im Spiel."
„O ja, lass uns was spielen!", ruft Fritzi.
Lara bekommt ein warmes Gefühl im Bauch. Mit einer Elfe
zu spielen, ist so viel lustiger als allein mit Puppe Bella. Ob
Fritzi wieder auf Bäume klettern will?
„Was sollen wir denn spielen?", fragt Lara.
„Hm …" Die Elfe überlegt. Sie blickt von der Schale mit der
Krone zum Becher mit der Prinzessin. Und wieder zurück.
Dann klatscht sie in die Hände.
„Ich habe eine Idee!", ruft sie, breitet die Flügelchen aus und
flattert durch die ganze Küche. Sie öffnet nacheinander alle

Schubladen. Das klappert aber! Hoffentlich wachen Mama
und Papa nicht auf.
„Was hast du vor?", fragt Lara. „Suchst du was Bestimmtes?"
„Jaaa!", ruft Fritzi. „Aber ich hab schon was gefunden.
Guck mal, so sehe ich wie eine richtige Prinzessin aus!
Lass uns Prinzessin spielen!" Und damit setzt sie sich ein
Keksförmchen auf ihre Strubbelhaare. Das Keksförmchen
ist eigentlich dazu gedacht, Sterne aus Teig auszustechen.
Nun sitzt es wie eine Krone auf Fritzis Kopf.
Lara muss lachen. Fritzi sieht so witzig aus!

„Du willst wirklich Prinzessin spielen?", fragt Lara. „Nicht klettern oder Kirschen stibitzen?"

„Aber nein", sagt Fritzi mit einer ganz hohen vornehmen Stimme. „Das gehört sich nicht für Prinzessinnen. Glaube ich jedenfalls."

„Gut", sagt Lara. „Wir spielen Prinzessin. Warte kurz!"
Sie läuft in ihr Zimmer und kramt in der untersten Schublade ihrer Kommode. Dort müsste doch ihre Spielzeugkrone sein. Tatsächlich, Lara findet die Krone zwischen einem Haarreif mit Katzenöhrchen und einer Sonnenbrille mit Glitzersteinchen. Bevor Lara zurück in die Küche geht, lauscht sie an der Schlafzimmertür von Mama und Papa. Ein Schnarchen ist zu hören. Sehr gut!
In der Küche sitzt Fritzi auf dem Tisch und baumelt mit den Beinen.

„Woran erkennt man eigentlich eine Prinzessin?", fragt sie.
Das ist eine gute Frage! Lara überlegt.

„An der Krone natürlich", sagt sie und zeigt auf Fritzis Keksförmchen. Und woran noch? Schöne Kleider hat Lara auch, das macht noch keine Prinzessin aus ihr. Da fällt ihr das Märchen von der Prinzessin auf der Erbse ein, das ihr Mama letztens vorgelesen hat. Dort klopfte während eines Gewitters ein Mädchen an die Tür eines Schlosses. Es behauptete, eine Prinzessin zu sein, doch die Königin wollte das erst mit einem Trick überprüfen.

„Eine Prinzessin schläft furchtbar schlecht, wenn eine Erbse in ihrem Bett versteckt ist", erklärt Lara. „Sogar wenn sieben Matratzen darüberliegen, tut ihr die Erbse noch weh."
„Wirklich?" Die Elfe zieht erstaunt die Augenbrauen hoch.
„So steht es in meinem Märchenbuch", erklärt Lara.
„Wir brauchen also eine Erbse", sagt Fritzi.
Lara zeigt auf das Vorratsregal. „Wir haben Erbsen in Dosen. Aber die sind zu weich. Guck mal in dem Glas ganz oben auf dem Regal. Ich komme da leider nicht so gut dran."

Fritzi fliegt auf das oberste Brett, auf dem einige Vorratsgläser stehen. Eine Kaffeedose, Marmeladengläser und Behälter mit Zucker und Reis stehen dort.

„Ganz rechts", sagt Lara und zeigt auf ein Schraubglas, in dem sich kleine braune Kugeln befinden. „Ich glaube, das sind getrocknete Kichererbsen."

„Hihi", sagt Fritzi. „Kichererbsen für Erbsenprinzessinnen. Das ist ja zum Kichern!"

Ächzend schraubt sie das Glas auf und nimmt eine Erbse heraus.

Die Elfe fliegt mit der Erbse durch den Flur und verschwindet in Laras Zimmer. Lara läuft hinterher.

„Und jetzt kommt die Erbse unter die sieben Matratzen", sagt Fritzi.

Sieben Matratzen hat Lara natürlich nicht. In ihrem Bett liegt nur eine einzige Matratze, die Lara mit beiden Händen anhebt, sodass Fritzi die Erbse darunterschieben kann. Sie lässt sich aufs Bett plumpsen und Lara legt sich vorsichtig daneben.

„Merkst du was?", fragt Fritzi gespannt. „Hast du schon einen blauen Fleck?"

Lara wiegt sich auf der Matratze hin und her. Die fühlt

sich genauso weich an wie sonst. Also schüttelt Lara den Kopf.

„Die Erbse ist zu klein!", sagt Fritzi. „Vielleicht war die Erbse von der Prinzessin auf der Erbse größer und härter?"

Lara glaubt das zwar nicht, trotzdem suchen sie in der Küche nach etwas anderem. Mit einer Walnuss, einem hart gekochten Ei aus dem Kühlschrank und einem knallgrünen Apfel gehen sie zurück in Laras Zimmer.

Erst probieren sie es mit der Walnuss. Aber die ist auch nicht zu spüren. Dann legen sie das hart gekochte Ei unter die Matratze. „Krks!"

„Ich hab was gehört", sagt Fritzi aufgeregt.

„Aber nichts gespürt", sagt Lara betrübt. Das war keine gute Idee mit dem Ei, denn nun ist die Schale zerbrochen.

Lara knibbelt die zerbrochene Schale ab und versteckt sie im Mülleimer. Sie und Fritzi teilen sich das hart gekochte Ei. Obwohl es zerdrückt ist, schmeckt es außergewöhnlich gut. Ob Prinzessinnen Eier mögen?
„Jetzt der Apfel!", sagt Fritzi.
Lara schiebt den Apfel unter die Matratze. Gemeinsam lassen sie sich wieder darauf nieder. Sie rollen hin und her, bis das Bett ganz zerwühlt ist.
„Ich spür was", sagt Lara. „Ich glaube, der Apfel drückt an mein Bein."
„Und an meinen Arm", sagt die Elfe. „Juhu, wir haben den Test bestanden!"
„Den Apfel können wir später noch essen", sagt Lara und legt ihn auf ihren Schreibtisch.
„Was machen wir jetzt?", fragt Fritzi.
Lara zieht ihr Märchenbuch aus dem Regal und blättert darin.
„Wir könnten mit der Kutsche fahren", schlägt sie vor. „Prinzessinnen machen das so."
Mit der Kutsche kann man nicht durch das Kinderzimmer fahren, das ist ja klar. Also zieht Lara ihren flauschigen rosa Bademantel an und schlüpft in ihre Turnschuhe. Die sind für draußen besser als die Hasenpantoffeln. Und dass Prinzessinnen keine kalten Füße bekommen dürfen, versteht sich von selbst!

Leise verlassen Lara und Fritzi das Haus und gehen in den Garten. Es ist schon richtig hell. Kaum zu glauben, dass Mama und Papa immer noch schlafen. Das sind ganz schöne Schlafmützen!

„Wo ist denn die Kutsche?", fragt Fritzi.

Lara sieht sich im Garten um. Der Rasenmäher ist wohl ungeeignet. Aber in einer Ecke steht Laras Schubkarre. Mit der hilft sie Mama und Papa bei der Gartenarbeit. Deshalb liegt noch etwas Erde darin, die Lara notdürftig auswischt.

„Es war einmal eine magische Schubkarre, die verwandelte sich in eine Kutsche, eine echte Prinzessinnenkutsche!", sagt Lara.

Anmutig lässt sich Prinzessin Lara in der Kutsche nieder und Prinzessin Fritzi quetscht sich dazu. Das ist schon ein bisschen unbequem.

„Hüa!", ruft Lara.

Die Elfe schaut sie verwundert an. „Hüa? Was soll das denn heißen?"

„Das ruft man den Pferden zu, damit sie loslaufen. Die Pferde müssen die Kutsche ziehen", erklärt Lara.

„Welche Pferde?", fragt Fritzi und das ist natürlich eine gute Frage. Pferde sind im Garten weit und breit nicht zu sehen. Nur Kater Leo kommt kurz herangeschlichen, läuft dann aber schnell davon, als Fritzi ihm die Zunge rausstreckt. Vielleicht erinnert sich der Kater noch an die

Hasenpantoffeln, mit denen Lara ihn letztens verjagt hat. Als Pferd ist Leo jedenfalls nicht zu gebrauchen. Nun summt nur noch eine dicke Fliege heran und lässt sich auf Laras Bademantel nieder. Sie scheucht sie davon.

„Dann bin ich eben das Pferd", sagt Lara kurz entschlossen und steigt aus der Schubkarre. „Sonst ist es langweilig."
Sie packt die Griffe und zieht die Karre rennend durch den Garten. Sie läuft um den kleinen Teich herum, zwischen den Büschen entlang und in einer scharfen Kurve an der Terrasse vorbei. Sie wiehert und schnaubt wie ein Pferd.
Die Elfe quietscht vor Vergnügen.

„Hüa, Pferdchen, hüa, hott, schneller, schneller, das ist flott!", ruft sie.

Das ist bestimmt die schnellste Kutsche der Welt! Als Lara endlich anhält, ist sie ganz außer Atem. Sie lässt sich neben der Schubkarre auf die Wiese plumpsen. Pferd sein ist anstrengender, als Lara geglaubt hat.

„Das war toll!", sagt Fritzi glücklich. „Noch besser als fliegen."

Lara lächelt und rückt ihre Krone zurecht. Jetzt ist sie lieber wieder eine Prinzessin.

„Was machen Prinzessinnen noch?", fragt Fritzi.
„Hm", überlegt Lara. „So genau weiß ich das auch nicht. Tanzen, Tee trinken, Harfe spielen?"
„Harfe?", fragt Fritzi.

„Das ist so ein Instrument, zum Musikmachen. Aber das lassen wir lieber bleiben, sonst wecken wir Mama und Papa. Außerdem habe ich keine Harfe."
Ihr Blick fällt auf den Ball, der neben dem Gartenteich liegt. Der erinnert sie an ein weiteres Märchen, nämlich das vom Froschkönig.

„Da! Ich hab die goldene Kugel gefunden", ruft sie und zeigt auf den Ball. Natürlich ist der Ball nicht aus Gold, sondern aus Gummi. Aber er ist mit Glitzersternen bedruckt, die golden in der Morgensonne glänzen. So sieht er richtig kostbar aus.

„Prinzessinnen lieben es, mit goldenen Kugeln zu spielen", erklärt Lara. „Sie sitzen den ganzen Tag am Brunnen und werfen die Kugel hoch in die Luft."

„Aha", sagt Fritzi. Sie hopst aus der Schubkarre und fliegt hinüber zum Gartenteich. Dort landet sie genau neben Laras Ball.

„Das ist aber eine große Kugel", sagt sie beeindruckt.

Lara muss grinsen. Eigentlich ist der Ball eher klein. Aber Fritzi ist eben auch klein und deshalb reicht ihr der Ball bis zum Bauch!

Das ist der Elfe offensichtlich egal. Sie schubst den Ball mit aller Kraft und lässt ihn vor Laras Füße rollen. Lara bückt sich und stupst den Ball vorsichtig wieder zu Fritzi. Er soll die kleine Elfe schließlich nicht überrollen! Fritzi schubst zurück. So geht es eine Weile hin und her. Besonders spannend ist das nicht.

„So spielen Prinzessinnen also?", fragt Fritzi und gähnt.
„Na ja, eigentlich wirft die Prinzessin die Kugel hoch in die Luft und fängt sie dann wieder auf", erklärt Lara. Sie kennt das Märchen vom Froschkönig gut.

„Aha! Das hört sich schon besser an." Schwungvoll fliegt Fritzi ein Stück in die Luft, rast auf den Ball zu und schießt ihn mit beiden Füßen gleichzeitig.

„Das macht viel mehr Spaß!", ruft sie, als der Ball hochsaust.
„Stimmt." Lara nimmt den Ball geschickt mit dem Knie an.
„Wir sind Fußball-Prinzessinnen, olé, olé, olé!"
Mit dem Ball immer nah am Fuß läuft sie einmal um den Rosenbusch herum.

„Es war einmal ein Mädchen, das 'ne Prinzessin war.
Sie spielte gerne Fußball, so wunderwunderbar", singt sie dabei.
Die Elfe fliegt Lara hinterher.
„He, ich will auch noch mal!", verlangt sie.
Lara kickt ihr den Ball zu. Fritzi dreht sich um und stoppt ihn mit dem Po. Dann nimmt sie ordentlich Anlauf.
„Fritzi vor, noch ein Tor!", schreit sie und gibt dem Ball einen gewaltigen Stoß. Oh! Der Ball fliegt hoch und saust an Lara vorbei. Sie streckt die Arme aus, doch der Ball ist unhaltbar! Aber da ist kein Tor. Leider auch sonst nichts, was den Ball aufhalten könnte. Stattdessen landet er mit einem *Platsch* im Teich.
Fritzi schlägt erschrocken die Hände vor den Mund. Sie guckt Lara schuldbewusst an.
„Und jetzt?", fragt sie zaghaft.
„Im Märchen fällt die Kugel auch ins Wasser. Zum Glück taucht dann ein Frosch auf. Er holt der Prinzessin die Kugel wieder aus dem Brunnen", erinnert sich Lara.
Am Teich ist weit und breit kein Frosch zu sehen.
„Frohosch, wo bist du?", ruft Fritzi. „Wir brauchen deine Hilfe!"
Doch es kommt kein Frosch. Das hätte Lara auch gewundert, wenn da plötzlich einer aufgetaucht wäre. Nicht einmal die Kröte mit den goldenen Augen lässt sich blicken. Sie ist

bestimmt ein Morgenmuffel. Können Kröten überhaupt schwimmen?

„Komm endlich, du alte Quak-Tasche, sei kein Frosch!", probiert es Fritzi noch einmal.

Immer noch kein Frosch zu sehen. Und ein Froschkönig erst recht nicht. Da muss Lara wohl selbst den Ball aus dem Teich holen. Da er natürlich nicht so schwer wie die goldene Kugel im Märchen ist, dümpelt er in der Mitte des Teichs auf der Wasseroberfläche herum. Trotzdem kommt Lara nicht dran, egal, wie sehr sie sich reckt und streckt. Ins Wasser springen will sie nicht.

„Das ist kein Badeteich!", hat Papa ihr eingeschärft. Außerdem ist das Wasser bestimmt kalt.

Aber Lara hat eine bessere Idee. Am Schuppen lehnt die Harke, mit der Papa das Laub von der Wiese recht. Die holt Lara jetzt. Sie lässt sich am Ufer des Teichs nieder und fischt mit der Harke nach dem Ball. Das ist gar nicht so einfach, ohne das Gleichgewicht zu verlieren.

„Mehr links, mehr rechts!", ruft Fritzi, die auf Laras Kopf geflogen ist und dort hin und her hampelt.

„Pass lieber auf, dass du nicht ...", sagt Lara, als es ein zweites Mal *Platsch* macht! O nein, nun ist die Elfe auch noch ins Wasser gefallen! Können Elfen schwimmen?

„Hilfe, Hilfe!", schreit Fritzi. Sie rudert wild mit den Armen und strampelt mit den Beinen.

Lara lässt die Harke fallen und legt sich flach auf den Bauch. Sie rutscht ganz nah an das Ufer des Teichs heran. So kann sie Fritzi die Hand hinstrecken. Aber die Elfe zappelt und zappelt vor lauter Angst. Lara bekommt sie einfach nicht zu fassen.
„Ganz ruhig!", versucht Lara sie zu beschwichtigen. „Nicht so strampeln, ich hab dich gleich."
Gut, dass Fritzi so klein ist. Endlich kann Lara sie greifen und

an Land ziehen. Gerettet! Vorsichtig setzt Lara die Elfe auf der Wiese ab. Fritzi schüttelt sich wie ein nasser Hund, dass die Tropfen nur so fliegen. Währenddessen nimmt sich Lara noch einmal die Harke. Diesmal erwischt sie den Ball gleich beim ersten Versuch.

„Wollen wir weiterspielen?", fragt sie.

„Ich bin mir nicht sicher, ob dieses Spiel wirklich für Prinzessinnen geeignet ist", sagt Fritzi und zieht die Nase hoch. Dann schneidet sie eine Grimasse. „Auf Frösche sollte man sich jedenfalls nicht verlassen", sagt sie grimmig.

„Nie sind sie da, wenn man sie braucht. Blöder Frosch, du kannst sehen, wo du bleibst!"

„Ups", sagt Lara. „Das ist jetzt aber ein Problem. Ohne Frosch kommt nämlich auch kein Prinz."

„Wieso?", fragt Fritzi und wringt das Wasser aus ihren schwarzen Strubbelhaaren. Lara tupft die zarten Elfenflügel mit dem Ärmel ihres Bademantels trocken.

„Na, das weiß doch jeder", sagt sie. „Frösche sind oft verzauberte Prinzen. Jedenfalls im Märchen."

„Ach ja?" Fritzi kratzt sich am Kopf. „Na, dann verzichten wir halt auf den Prinzen. Die Prinzen können auch sehen, wo sie bleiben, genau wie die Frösche."

„Prinzessinnen brauchen aber Prinzen", wendet Lara ein.
Fritzi runzelt die Stirn. „Prinzessinnen brauchen Prinzen? Wozu denn bloß?", fragt sie dann.
„Hm ...", überlegt Lara. Darüber hat sie sich noch nie Gedanken gemacht. Aber in den Märchen heiraten die Prinzessinnen zum Schluss immer einen Prinzen, oder? Dann müssen Prinzen doch zu etwas gut sein. Wozu nur?
Die Terrassentür klappert. Lara schreckt zusammen. Jemand kommt aus dem Haus. Blitzschnell fliegt Fritzi in Laras Bademantelkapuze. Gerade rechtzeitig, denn nun kommt Papa in den Garten geschlendert. Anscheinend ist er gerade erst aufgestanden. Seine Haare stehen wie eine Krone wild von seinem Kopf ab. Er trägt einen Bademantel über seinem Schlafanzug und hält einen Kaffeebecher in der Hand.

„He, Prinzessin!", ruft er und winkt Lara zu.

„Der König!", flüstert Fritzi aus Laras Kapuze.

Lara kichert. Papa könnte wirklich ein König sein in seinem schicken dunkelblauen Mantel.

„Ich hab dich gesucht", sagt Papa und nimmt einen Schluck aus seinem Becher. „Bist du schon lange wach?"

Lara grinst. „Seit Stunden!"

„Oh", sagt Papa. „Was hast du denn bloß in der ganzen Zeit gemacht? Den Rasen gemäht? Oder die Rosenbüsche gestutzt? Oder gar den Gartenzaun frisch gestrichen?" Er tut so, als ob er sich neugierig im Garten umsieht.

„Mensch, Papa", sagt Lara. „Zaun streichen? Rasen mähen? Das gehört sich doch nicht für eine Prinzessin."

„Eigentlich schade", meint Papa. „Dann hast du also nur prinzessinnenartige Dinge gemacht?"

„Genau", sagt Lara. „Ich habe schon den Prinzessinnentest mit der Erbse gemacht und bin Kutsche gefahren. Und mit der goldenen Kugel habe ich auch gespielt."

Sie gibt Papa einen Gutenmorgenkuss auf seine kratzige Wange.

„Das hört sich gut an. Lust auf ein zweites Frühstück?", fragt Papa. „Mama ist gerade zum Bäcker geradelt, um Brötchen zu holen. Ich hab gesehen, dass du schon ein besonders leckeres und besonders süßes Müsli gegessen hast, aber wenn du seit sooo vielen Stunden auf bist und so viel

Prinzessinnenarbeit erledigt hast, kannst du bestimmt noch eine Stärkung vertragen."

„Joa", sagt Lara. „Ein Brötchen mit Schokocreme könnte ich wirklich vertragen. Aber erst habe ich noch eine Frage."

„Lass hören, Prinzessin", sagt Papa.

„Warum wollen Prinzessinnen eigentlich Prinzen? Wofür braucht man die?", fragt Lara.

„Tja ..." Jetzt kratzt Papa sich genauso am Kopf wie Fritzi vorhin. „Wofür braucht man Prinzen? Nun, sie fischen dir die goldene Kugel aus dem Brunnen. Jedenfalls, solange sie noch verzauberte Frösche sind. Das ist doch nett. Oder sie retten dich vor Gefahren. Vor Drachen und bösen Hexen und so."

„Auch vor Katzen?", fragt Lara und denkt an Frau Müllers Leo, obwohl der heute ja nicht gefährlich war.

Papa lacht. „Zur Not bestimmt auch vor Katzen und anderen wilden Tieren wie Hamstern und Meerschweinchen. Außerdem sorgen sie dafür, dass dir nie langweilig wird. Glaube ich zumindest."

In Laras Kapuze kichert es leise. Papa kann das bestimmt nicht hören, er ist schon fast wieder im Haus verschwunden, um den Frühstückstisch zu decken.

„Dann brauche ich schon mal keinen Prinzen", sagt Fritzi und klettert auf Laras Schulter. „Ich habe ja eine Lara, die mich rettet und mit der es nie, nie langweilig ist!"

Lara spürt, wie einer von Fritzis Flügeln sie an der Wange kitzelt. „Nein, einen Prinzen brauchen wir wirklich nicht", sagt sie. „Wir haben ja uns!"
Sie hebt den Arm, damit Fritzi davonfliegen kann. Aber vorher dreht sich die Elfe um und zwinkert Lara zu.
„Bis zum nächsten Abenteuer, Prinzessin Lara", sagt sie.
„Bis zum nächsten Abenteuer, Prinzessin Fritzi", antwortet Lara. „Pass gut auf dich auf!"
Sie stellt die Harke wieder an den Schuppen und macht sich auf den Weg ins Haus. Und dabei denkt sie sich, dass sie noch nie einen so märchenhaften Morgen erlebt hat wie diesen.

Tanz auf dem Dachboden

Rechtsherum und linksherum, auf die Zehenspitzen und einmal im Kreis ... Lara tanzt auf ihren Ballettschläppchen durch das Wohnzimmer und die Küche. Etwas eng ist es schon. Dauernd streift sie mit ihrem rosa Tüllrock die Möbel. Da kann sie den Tanz für den Auftritt am Sonntag wirklich nicht gut üben.

„Tschüss, meine kleine Ballerina, tschüss, mein Schatz!", sagt Mama und gibt erst Lara und dann Papa einen Kuss. Schnell schlüpft sie in ihre Schuhe und ist schon aus dem Haus. Sie wird den ganzen Tag unterwegs sein.

„Und wir?", fragt Lara. „Was machen wir den ganzen Tag?"

„Wir könnten endlich mal den Dachboden ausmisten", sagt Papa.

„Ach nö", mault Lara. „Darauf habe ich keine Lust. Außerdem muss ich doch meinen Tanz üben. Auch wenn hier überhaupt kein Platz ist."

„Du musst ja nicht ausmisten, das schaffe ich schon allein. Aber du kannst mitkommen und oben spielen oder tanzen, was hältst du davon?", schlägt Papa vor.

Das ist eine sehr gute Idee! Lara war schon eine ganze Weile nicht mehr auf dem Dachboden. Aber vermutlich versteckt sich dort jede Menge spannendes Zeug. Vielleicht entdeckt Lara noch einen Schatz? Und wenn genug Platz zum Tanzen da ist – umso besser!

Papa öffnet die Luke zum Dachboden und zieht die Leiter aus. „Gut festhalten!", ruft er Lara zu, die als Erste hochklettert. Das muss Papa ihr nicht sagen. Wie man gut klettert, weiß Lara. Selbst Gartenzäune und Kirschbäume sind kein Problem mehr für sie. Aber das weiß Papa natürlich nicht. Die Leiter ist allerdings ziemlich wackelig. Lara ist gerade oben angekommen, als im Flur das Telefon klingelt.

„Ich hör mal eben, wer das ist, ich komme gleich nach", ruft Papa. „Nicht allein runterklettern. Und mach keinen Unsinn da oben!"

Unsinn? Nein, so was macht Lara nicht. Während Papa zum Telefon hetzt, sieht sie sich erst einmal um. Der ganze Dachboden für sie allein! Hier lagern Kisten mit alten Anziehsachen und Laras Babyspielzeug, ausrangierte Teppiche, Laras Schlitten und Mamas Schlittschuhe, die auf den Winter warten. Auch Laras altes Schaukelpferd ist hier untergebracht. Alles ist von einer feinen Staubschicht bedeckt und in den Ecken hängen ein paar Spinnennetze. Aber das stört Lara nicht. Hauptsache, es gibt noch genug

Platz zum Üben der Ballettschritte. Lara möchte, dass ihre Ballettlehrerin zufrieden ist. An der Wand lehnt ein alter Spiegel mit einem Goldrahmen. Der ist noch von Laras Uroma. Mama und Papa finden, dass er nicht gut zur Einrichtung ihrer Wohnung passt, aber Lara findet ihn wunderschön. Er ist natürlich auch verstaubt, aber Lara kann sich trotzdem gut darin erkennen. Sie hebt die Arme über den Kopf und

dreht sich ein paarmal vor dem Spiegel. Rechtsrum, linksrum. Das klappt schon ganz gut. Jetzt ein Knicks.
Da hört Lara ein *Rums*. Das kommt nicht von unten, sondern vom Dachfenster. Ist ein Vogel dagegengeflogen? Oder klopft eine Katze ans Fenster? Oder ist es etwa …? Ja, juhu, es ist Fritzi! Laras geheime Freundin will ihr einen Besuch abstatten. Das wird ja auch mal wieder Zeit! Lara gibt Fritzi mit einer Handbewegung zu verstehen, dass sie kurz warten soll. Dann lauscht sie an der Dachbodenluke nach unten. Papa scheint immer noch zu telefonieren. Sie hört, wie er sagt: „Ja … Aha … Ach so … Genau!" Das scheint wohl wichtig zu sein. Wichtiger als Ausmisten. Also kann Fritzi gern hereinkommen. Lara öffnet das Dachfenster. Das quietscht aber laut!
„Komm rein!", sagt Lara. Das lässt sich die Elfe nicht zweimal sagen. Sie flattert herein und landet auf Laras Schulter.
„Hier bist du also!", sagt sie. „Ich habe schon durch alle anderen Fenster vom Haus geguckt und dich nirgendwo gefunden."
„Heute will Papa den Dachboden ausmisten", erklärt Lara.
„Ausmisten?" Die Elfe schnuppert. „Wo ist denn hier Mist?"
Lara kichert. „Das nennt man bloß so, wenn man Sachen aussortiert, die man auf dem Flohmarkt verkaufen oder wegschmeißen will."

„Uäh, Flöhe! Wer will die denn kaufen?", sagt Fritzi und kratzt sich am ganzen Körper. Doch bevor Lara erklären kann, dass auf dem Flohmarkt keine Flöhe, sondern gebrauchte Dinge verkauft werden, hat Fritzi schon aufgehört, sich zu kratzen. Stattdessen zupft sie nun an den Trägern von Laras Ballettanzug und begutachtet den Tüllrock.

„Du siehst heute aber lustig aus", sagt Fritzi. „So rosa und aufgebauscht wie … wie ein Erdbeertörtchen!"

Ein Erdbeertörtchen? Ein bisschen beleidigt ist Lara schon. Sie sieht nun wirklich nicht aus wie ein Erdbeertörtchen!

„Das ist mein Ballettkostüm", sagt sie mit gerunzelter Stirn. „Ich tanze nämlich einmal die Woche in einer Ballettschule. Ich liebe Ballett! Und am Sonntag haben wir einen großen Auftritt auf einer richtigen Bühne."

„Ballett?" Jetzt runzelt die Elfe die Stirn. „Was ist das denn? Und warum braucht es einen Tritt?"
Lara lacht. Weiß Fritzi wirklich nicht, was Ballett ist? Müssen Elfen sich mit Tanzen nicht auskennen? Aber Fritzi ist eben anders, als sich Lara Elfen immer vorgestellt hatte, das weiß sie mittlerweile.
„Das heißt Auftritt, nicht Tritt", erklärt sie. „Wir treten in einem Theater mit unserem Tanz auf. Ballett ist nämlich Tanzen."
„Tanzen? Ach so, sag das doch gleich! Tanzen, das kann ich!", behauptet die Elfe. Schon flattert sie durch die Luft. Sie landet auf der Schnauze von Laras altem Schaukelpferd.
„Ich tanze viel, ich tanze gern, ich tanz mit viel Gebrumm. Ich tanze viel, ich tanze gern, am liebsten auf der Nas' herum", singt sie.
Sie hüpft von einem Fuß auf den anderen und wedelt wild mit den Armen. Das Pferd beginnt langsam zu schaukeln. Dazu brummt die Elfe wie ein kleiner Bär vor sich hin. Das klingt ganz schön sonderbar.
„Wir brauchen richtige Musik", meint die Elfe. „Zum Tanzen gehört unbedingt Musik."

Lara nickt. Wo bekommen sie jetzt Musik her? Laras Ballett-lehrerin hat eine richtige Anlage, mit der sie immer die passende Musik

abspielen kann. Sie hat erzählt, dass es in der Ballettschule früher sogar ein Klavier und eine Klavierspielerin gab. Aber das ist lange her. Hier auf dem Dachboden gibt es keine Musikanlage und erst recht kein Klavier. Aber irgendetwas wird Lara schon finden. Auf den Zehen tänzelt sie zu den Kisten, die in der Ecke des Dachbodens aufeinandergestapelt sind. Sie zieht eine große rosafarbene Kiste vor, auf der ein Etikett klebt. „Lara Baby", steht darauf. Was da wohl drin ist? Sie klappt den Deckel auf. In der Kiste sind alte Spielsachen und ein paar Fotos. Lara findet eine Puppe aus Stoff, mit der sie schon lange nicht mehr spielt. Stofftiere sind ebenfalls in der Kiste, eine Schnuffeldecke, eine Rassel und ein Ball aus weichem Plüsch. Und eine Spieluhr ist darin, die aussieht wie ein Lämmchen. Die hatte Lara schon ganz vergessen. Sie zieht an der Schnur und eine Melodie ertönt. „Schlaf, Kindchen, schlaf."
Lara singt mit: „Dein Vater hüt' die Schaf' …"
Und Fritzi? Die singt nicht mit. Stattdessen schnarcht sie laut und wiegt sich hin und her. Plötzlich lässt sie sich einfach so von der Pferdeschnauze kippen. Lara bekommt einen kurzen Schreck, aber weil die Elfe fliegen kann, passiert ihr nichts. Ganz sanft und sicher landet sie auf dem Fußboden.
Sie öffnet ein Auge. „Hast du keine bessere Musik?", fragt sie. „Diese hier ist ja zum Einschlafen."

„Die soll ja auch zum Einschlafen sein", erklärt Lara. „Als ich kleiner war, habe ich das immer im Bett gehört."
„Ich will aber nicht ins Bett!", ruft die Elfe. „Du etwa?"
Nein, natürlich will Lara nicht ins Bett. Es ist schließlich noch früh am Tag.
Die Elfe flattert zu einem Regal. Sie kramt hier und da und zieht schließlich eine Flöte hervor. Eine bunte Flöte aus Kunststoff, mit der Lara Mama so genervt hat, dass die sie auf den Dachboden verbannt hat.
„Jetzt tanzt du nach meiner Pfeife", erklärt Fritzi. Sie holt tief

Luft und bläst dann mit voller Kraft in die Flöte. Lara hält sich die Ohren zu. Es klingt furchtbar schräg und überhaupt nicht wie Musik. Dass eine so kleine Elfe so viel Puste hat!
„Nicht so laut!", warnt Lara. „Sonst hört uns Papa und kommt hoch."
Fritzi kichert. „Dem pfeifen wir was!"
Lara stemmt die Hände in die Seiten. „Werd mal nicht frech, du kleine Elfe, du!"
Lara findet, dass sie genug Musik gemacht haben. Nun will sie erkunden, was sich sonst noch für Schätze auf dem Dachboden verstecken. Sie öffnet den Schrank hinten an der Wand. Der quietscht so sehr, dass ihn lange niemand mehr geöffnet haben kann. Im Schrank stehen altmodische Schuhe und Handtaschen und Kisten mit allerlei Kram. Aber vor allem hängen hier ein paar wunderschöne Kleider.
„Oh!", sagt Lara. „Die Kleider hatte ich ja ganz vergessen. Das sind die alten Ballkleider von meiner Uroma."
Ihre Uroma hat auch gern getanzt, das hat Papa Lara mal erzählt und ihr ein Foto von einem Fest gezeigt, auf dem Uroma getanzt hat.
Lara zieht vorsichtig ein schillerndes blaues Kleid vom Bügel. Der Stoff riecht ein wenig komisch. Lara streift den rosa Tüllrock ab und schlüpft in das Kleid. Das ist natürlich zu weit und vor allem viel zu lang. Es schleift über den Boden. Schnell sucht sich Lara noch ein Paar

rote Stöckelschuhe aus. Das Kleid ist immer noch zu lang, aber Lara rafft es einfach ein wenig in die Höhe. Dazu passt perfekt eine kleine rosa Handtasche. Lara fühlt sich großartig.

„Eins, zwei, drei, eins, zwei, drei", singt sie und trippelt dabei anmutig durch den Raum.

„Du brauchst noch einen Tanzpartner", ruft Fritzi.
„Dann komm her!", sagt Lara und hält ihr die Arme hin.
Fritzi wird rot. „Nö, eins, zwei, drei kann ich nicht so gut tanzen."
Da erinnert sich Lara an die alte Stoffpuppe aus der Kiste. Ob sie auch als Tanzpartnerin taugt? Sie ist natürlich viel zu klein, aber das macht nichts.
„Jetzt lass ich die Puppen tanzen", sagt Lara. Genau weiß sie nicht, was das heißt, aber sie hat den Ausdruck mal von Opa gehört.
Immer schneller wirbelt Lara mit der Puppe über den Dachboden.
„Achtung!", ruft die Elfe.
Doch es ist schon zu spät.

Lara verheddert sich mit einem Stöckelschuh im Kleidersaum und verliert das Gleichgewicht. Sie stolpert.
„Hilfe!", ruft sie und liegt auch schon auf der Nase.
„Hast du dir wehgetan?", fragt die Elfe besorgt. „Soll ich dir ein Kühldingsbums holen?"
Lara lacht. „Nein, ich hab mir nicht wehgetan", sagt sie.
Das stimmt sogar. Sie ist nämlich in einen Berg alter Kissen gefallen. Die haben den Sturz abgepolstert. Allerdings sind

die Kissenbezüge wohl schon etwas morsch. Eins der Kissen hat Risse bekommen, aus denen Federn hervorquellen. Die tanzen um Lara herum, landen auf ihren Haaren und ihrem Kleid. Staub und Federn kitzeln in Laras Nase.
„Hatschi!", macht sie.
Fritzi kichert. „Mit all den Federn siehst du aus wie ein zerzaustes Huhn!", sagt sie.
„Also hör mal", empört sich Lara. „Ich sehe überhaupt

nicht wie ein Huhn aus. Wenn überhaupt, dann wie ein Schwan!"

Sie strampelt die Stöckelschuhe von den Füßen. Wie kann man in so was tanzen? Dann schlüpft sie aus dem Ballkleid. Dafür muss sie wohl noch etwas wachsen. Lieber zieht sie wieder ihren rosa Tüllrock an. Der passt auch viel besser zu einer Ballerina. Sie steckt sich eine weiße Daunenfeder in die Haare.

„Komm her, wir tanzen Schwanensee", sagt Lara.
„Schwanensee?", fragt Fritzi. „Muss ich dann wieder in den Teich springen und mich retten lassen? Von dem Frosch, der sowieso nicht kommt, quak, quak?"
„Nein, nein", beruhigt Lara die Elfe. „Schwanensee ist ein berühmtes Ballett. Eine Geschichte, die mit Tanz erzählt wird."
Das weiß Lara, weil sie das Ballett vor Weihnachten mit ihrer Großtante im Theater angeschaut hat. Das war so wunderschön! Lara kann sich sogar noch ein bisschen an die Melodie erinnern, zu der getanzt wurde. Die Geschichte war irgendwie traurig. Aber sie und Fritzi können ihre eigene Schwanensee-Geschichte erfinden.
Lara hebt das ramponierte Kissen auf. Sie schüttelt es kräftig. Immer mehr Federn fliegen durch die Luft. Die Elfe juchzt und dreht sich um sich selbst wie ein Kreisel.
Lara summt dazu eine Melodie aus Schwanensee. Fritzis Tanz sieht wirklich anders aus als das, was die Ballerinen im Theater getanzt haben. Anders, aber lustig. Da muss Lara unbedingt mittanzen. Sie streckt die Arme zur Seite und dreht sich ebenfalls im Kreis. Schnell und immer schneller, bis ihr richtig schwindelig wird. Bevor sie gegen die Regale stößt, lässt sie sich lieber absichtlich auf die Kissen fallen, die noch auf dem Boden liegen. Die Elfe plumpst daneben. Der Dachboden scheint sich weiter um sie herum zu drehen.

„Ui, ui, ui", japst die Elfe.

„Ich glaube, das ganze Haus tanzt", sagt Lara.

„Rundherum, das ist nicht schwer!", singt Fritzi.

Nach und nach hört das Drehen auf. Dafür hüpft Fritzi jetzt auf Laras Bauch. Sie trippelt hin und her, schwingt die Arme über dem Kopf und wackelt mit dem Po.

„Ah, das kitzelt!", quiekt Lara. „Was ist das denn wieder für ein komischer Tanz?"

„Bauchtanz natürlich", sagt die Elfe und hopst auf und ab.

„Ich bin doch kein Trampolin", beschwert sich Lara. Aber eigentlich findet sie es überhaupt nicht schlimm, dass die Elfe auf ihr herumtanzt. Sie ist sich allerdings nicht sicher, ob Bauchtanz wirklich so geht.

Fritzi hört auf zu toben.

„Ich brauche auch ein Ballettkostüm", sagt sie und zupft an Laras Ballettanzug.

Ja, das braucht die Elfe wirklich. Aber wo bekommen sie auf die Schnelle ein Kostüm für sie her? Die alten Gardinen, die in einem Korb hinter den Kissen liegen, sind zu lang. Und Uromas Ballkleider erst recht. Die will Lara auf keinen Fall zerschneiden. Nähen kann sie sowieso nicht. Das Puppenkleid? Nein, das passt nicht zu Fritzi.

Lara steht auf und durchsucht die Kartons auf dem Regal. Sie findet ausrangiertes Geschirr, Christbaumkugeln und alte Sandförmchen. Das ist alles für Kostüme ungeeignet. Schließlich fällt Laras Blick auf eine bunte Kiste, auf der „Geburtstag" und „Deko" steht. Die zieht Lara heraus und nimmt den Deckel ab. Sie kramt zwischen bunten Kerzen, Fähnchen und Luftschlangen. Daraus lässt sich auch kein Ballettkleid basteln.

Dann nimmt Lara eine Lichterkette mit lauter kleinen runden Laternen genauer in Augenschein. Die Kette hing bei Laras letztem Geburtstag im Garten. An dem Abend durfte Lara lange aufbleiben, bis es schon richtig dunkel war und sogar eine Fledermaus über ihren Köpfen durch den Garten huschte. Da sahen die kleinen Laternen aus rosafarbenem Papier sehr hübsch aus. Lara nimmt die Lichterkette heraus. Fritzi beobachtet sie interessiert.

„Willst du hier oben schmücken?", fragt sie erstaunt.

Lara grinst. „O ja, dich nämlich", sagt sie und nimmt vorsichtig eine der Laternen von der Kette ab.

„Komm mal her!", sagt sie. Die Elfe tippelt zögernd auf Lara zu. „Augen zu!", befiehlt Lara und stülpt die Laterne vorsichtig über den Kopf der Elfe. Sie ruckelt hier und zupft da. Fertig! Die Elfe trägt die Laterne wie einen Rock um den Bauch.

„Sehr schick!", lobt Lara. „Fast so schick wie mein Tüllröckchen."

Fritzi strahlt.

„Ich tanz mit meiner Laterne und meine Laterne mit mir. Ein Törtchen, das bin ich gerne, ein Erdbeertörtchen mit dir", singt die Elfe ein bisschen schief und flattert dazu mit den Flügelchen. „Passt wie angegossen, das Laternenkleid! Jetzt musst du mir aber dringend Unterricht geben in Ballett, zwei, drei, vier."

Lara ist einverstanden. „Zuerst stellen wir uns vor dem Spiegel auf", sagt sie. So machen sie es im Ballettunterricht auch.

Fritzi stellt sich vor den Spiegel und schneidet ein paar lustige Grimassen. Lara guckt streng. „Du musst ein Ballettgesicht machen. Das sagt meine Ballettlehrerin immer. Das geht so …" Lara lächelt lieblich in den Spiegel.

Die Elfe grinst. „Gut so?", fragt sie.
„Na ja", sagt Lara. „Fürs Erste ist das in Ordnung."
Sie gibt der Elfe Anweisungen: „Erste Position, Beine zusammen, gerader Rücken, lange Arme, Knie beugen und ..."
„Und Tritt!", ruft die Elfe und kickt gegen einen leeren Blumentopf, dass es nur so scheppert.
„Nicht Tritt, Auftritt!", verbessert Lara. „Das hat mit Treten nichts zu tun. Beim Auftritt führen wir den Tanz auf der Bühne vor."
Manchmal stellt sich Fritzi aber auch wirklich extra dumm an.
„Noch mal von vorne", sagt Lara.
Doch da ist ein Knarzen zu hören. Das kommt von der geöffneten Dachbodenluke! Jemand klettert die Leiter hoch. Schon steckt Papa seinen Kopf durch die Luke hindurch. An Papa hatte Lara gar nicht mehr gedacht. Blitzschnell saust die Elfe davon und versteckt sich rechtzeitig hinter dem Spiegel.
Papa klopft sich den Staub von den Hosenbeinen. „Was war das für ein Scheppern gerade?", fragt er.
Lara zuckt mit den Schultern. „Vielleicht eine Maus?", schlägt sie vor.
„Hm." Papa sieht Lara skeptisch an und kratzt sich am Kinn. Er schaut von dem federbedeckten Kissenhaufen zum

umgekippten Blumentopf, vom Blumentopf zu der Lichterkette mit der fehlenden Laterne. Dann zupft er Lara eine Feder aus den Haaren.

„Eine Maus also", sagt er. „Kaum ist die Katze aus dem Haus, tanzen die Mäuse auf dem Tisch."

„Oder auf dem Dachboden", meint Lara.

„Vielleicht war das gar keine Maus, sondern ein Huhn?", fragt Papa und pustet die Feder von seiner Hand.

„Nicht Huhn!", protestiert Lara. „Schwan, wenn überhaupt!"

In diesem Moment kullert eine kleine Laterne hinter dem Spiegel hervor. Auweia. Kann Fritzi nicht ein einziges Mal stillhalten? Jetzt kichert sie auch noch leise. Hat Papa das gehört?

Lara schielt zu ihm hin.

Er scheint nichts bemerkt zu haben. „Tut mir leid, dass ich so lange telefoniert habe. Du hast dich bestimmt gelangweilt, oder?"

„Och, kein Problem", sagt Lara.

Papa sieht sich um und seufzt. Dann sagt er: „Auf Ausmisten habe ich gar keine Lust mehr. Das machen wir später, okay?"

„Okay", sagt Lara und schnuppert. „Es ist übrigens gar kein Mist da!"

Papa lacht. Er schaut Lara liebevoll an. „Ich bekomme gerade so Hunger auf Erdbeertörtchen. Komisch, oder?"

„Wirklich komisch", sagt Lara und zupft an ihrem Tüllrock.

„Wie kommst du nur darauf?"
„Wir haben noch Erdbeeren im Kühlschrank, glaube ich",
sagt Papa. „Wollen wir Erdbeertörtchen backen?"
„Gute Idee!", sagt Lara. „Ich räum nur noch kurz hier auf,
dann komm ich runter."
„Aufräumen ist auch 'ne gute Idee", sagt Papa und ist schon
wieder an der Dachbodenluke. „Vielleicht helfen dir ja die
Mäuse dabei?"

Als Papa verschwunden ist, kommt Fritzi hinter dem Spiegel hervor.

„Da hast du es", sagt sie zufrieden. „Du siehst wirklich aus wie ein Erdbeertörtchen."

„Haha", macht Lara. Aber sie ist nicht böse. Sie mag Erdbeertörtchen. Rasch räumt sie die Spielsachen und Dekosachen in die Kisten und hängt Uromas Ballkleid in den Schrank. „Willst du mit uns Erdbeertörtchen backen?", fragt sie.

„Lieber nicht", sagt die Elfe und flattert auf die Fensterbank. „Sonst ist dein Papa nachher ganz verwirrt. Eltern kommen mit Elfen nicht so gut klar."

Das kann Lara sich gut vorstellen. Ein wenig enttäuscht ist sie zwar schon, aber vielleicht ist es besser so.

„Du kommst doch bald wieder?", fragt sie, während sie Fritzi das Fenster öffnet.

„Natürlich", sagt Fritzi. „Wer könnte auf eine Erdbeertörtchen-Freundin verzichten?" Und damit flattert sie zum Fenster hinaus, das Lara hinter ihr schließt.

Zufrieden streicht sie über ihren Tüllrock. Erdbeertörtchen, darauf hat sie jetzt auch Lust, und wie!

Abenteuer auf dem Ponyhof

Mama kommt vom Sport nach Hause. Jeden Mittwoch geht sie nämlich zum Yoga. „Heute war eine Neue da", erzählt sie beim Abendessen. „Die ist wirklich nett."

„So nett wie ich?", fragt Lara. „Und bist du deshalb heute so spät nach Hause gekommen?"

Mama grinst und schenkt sich Wasser ein. „Fast so nett wie du! Ja, wir haben uns eine ganze Weile unterhalten und dabei die Zeit vergessen."

„Hm", macht Lara. „Fast so nett wie ich? Das glaube ich nicht."

„Das kannst du selbst entscheiden", sagt Mama, während sie sich Salat nachnimmt. „Sina hat uns nämlich zum Kuchenessen eingeladen. Nächsten Samstag. Habt ihr Lust?"

Papa runzelt die Stirn. „Nächsten Samstag? Da bin ich schon mit Ralf zum Tennis verabredet."

„Vielleicht ist es sowieso schöner, wenn wir Mädels uns erst mal allein treffen", meint Mama. „Du bist aber dabei, Lara, oder?"

Lara zögert. „Hat diese Sina denn Kinder? Sonst wird es bestimmt langweilig für mich."

Mama lacht. „Nein, sie hat keine Kinder. Aber sie wohnt auf einem kleinen Bauernhof. Da gibt es Hühner, Ziegen …"

„Und Pferde?", fragt Lara aufgeregt. Sie schiebt ihren Teller zur Seite.

„Große Pferde nicht, aber Ponys, soweit ich weiß", sagt Mama.

Ponys findet Lara toll. Außerdem hat Lara eine Idee, wie es für sie auf keinen Fall langweilig werden wird bei dem Besuch. Sie fragt einfach ihre heimliche Elfenfreundin Fritzi. Die kommt bestimmt mit.

Endlich ist der Samstag da. Der Bauernhof ist nicht weit von Laras Zuhause entfernt und die Sonne scheint. Da können sie mit dem Fahrrad fahren. Mama hat die Reifen aufgepumpt und einen Topf Lavendel für Sina in ihren Fahrradkorb gepackt.

Dann kann es ja losgehen.

Sie radeln aus der Stadt hinaus über die Feldwege. Der Himmel ist blau und nur wenige Wolken sind zu sehen. Die Vögel zwitschern.
Lara singt: „Wir reiten geschwinde durch Feld und Wald ..."
Mama singt mit: „Wir reiten bergab und berga-hauf ..."

Zum Glück müssen sie kaum bergauf fahren. Das Radeln macht Spaß. In Laras Fahrradkorb vorne am Lenker sitzt Fritzi. Das kann Mama nicht sehen, weil sie vorneweg fährt.

„Wo fahren wir noch mal hin?", fragt Fritzi.

„Auf den Bauernhof von Sina, Mamas neuer Freundin", sagt Lara leise.

„Und was machen wir da?", fragt Fritzi.

„Reiten natürlich", sagt Lara. „Wie echte Pferdemädchen!"

Sie freut sich schon so sehr auf die Ponys. Wie sie wohl aussehen?

Nach einer Weile biegen sie in eine Allee ein. Am Ende der Allee steht ein Haus. Ein kleines Bauernhaus aus rotem Backstein. Vor dem Haus sind Beete mit üppigen Büschen angelegt und an der Hauswand klettern rote und gelbe Rosen hoch. Das sieht sehr hübsch aus.

Die Tür öffnet sich, bevor Lara und Mama angekommen sind. Eine Frau steht in der Tür und winkt. Das muss Sina sein. Sie sieht nett aus mit ihrem Pferdeschwanz.

„Herzlich willkommen, ihr zwei!", sagt sie. Sie weiß ja nichts von Fritzi. Die hat sich nämlich schnell in Laras Rucksack versteckt.

Lara und Mama stellen ihre Räder ab.

„Ihr braucht sie nicht abzuschließen, hier kommt nichts weg", sagt Sina.

Mama gibt Sina das Lavendeltöpfchen und sieht sich mit strahlenden Augen um. „Wunderschön ist es hier!"
„Na, dann zeige ich euch erst mal den Hof", sagt Sina und stellt das Lavendeltöpfchen neben die Rosen. „Passt perfekt zusammen, vielen Dank!", sagt sie. „Kommt mit!"
Sie gehen um das Haus herum. Sina öffnet ein Törchen.
„Das ist mein Gemüsegarten."
Lara staunt. Hier wachsen Kürbisse, Tomaten und Zucchini. Die sehen viel besser aus als die im Supermarkt!
„Das ist sicher eine Menge Arbeit", sagt Mama.
„Stimmt." Sina nickt. „Deshalb schaffe ich es zurzeit nur einmal die Woche zum Sport. Aber den Garten umgraben hält mindestens genauso fit. Und Obst pflücken!" Sie zeigt auf die Obstbäume, die neben dem Gemüsegarten stehen. Äpfel und Kirschen hängen daran. Als Sina und Mama nicht hingucken, flattert Fritzi schnell in die Zweige und pflückt eine Kirsche.
„Fast noch besser als die von euren Nachbarn", flüstert die Elfe später Lara ins Ohr.
Sie werfen auch einen Blick in die Ställe, doch die sind leer. Schade. Eine getigerte Katze kommt heranstolziert. Eilig versteckt sich Fritzi wieder in Laras Rucksack. Die Katze streicht um Laras Beine.
„Das ist Pauline", erklärt Sina. „Du darfst sie ruhig streicheln, wenn du magst."

Das macht Lara sofort. Pauline ist so weich! Misstrauisch schaut die Katze zu Laras Rucksack. Ob sie die Elfe riechen kann? Schnell weiter!
„Sind das etwa Hühner an der Hundehütte da?", fragt Mama.

Sina nickt. „Einen Hund haben wir nicht. Aber die Hundehütte von den Vorbesitzern haben wir behalten. Die Hühner finden sie anscheinend perfekt, um dort ihre Eier auszubrüten!"

Tatsächlich! Ein braunes Huhn sitzt in der Hütte und brütet.

„Ein Küken wird nicht herausschlüpfen", erklärt Sina. „Wir haben nämlich noch keinen Hahn."

Praktisch, wenn man Hühner hat. Dann gibt es immer genug Eier, denkt Lara.

Hinter dem Gemüsegarten schließt eine Weide an. Hier grasen zwei Ziegen.

„Ziegen sind nicht gern allein", sagt Sina. „Deshalb haben wir zwei. Die weiße Ziege heißt Heidi und die braune Naomi. Manchmal zicken sie sich gegenseitig an. Aber meistens verstehen sie sich gut."

Die Ziegen meckern und grasen dann friedlich weiter. Sie sind niedlich, aber nicht so süß wie die Ponys, die Lara weiter hinten bei einem Gebüsch entdeckt. Eins ist klein und eins ein wenig größer.

„Darf ich vorstellen?", fragt Sina. „Das sind Minipony Kurt und sein allerbester Freund Paul-Hermann."

Lara ist begeistert. Kurts Mähne ist fast so schwarz wie Fritzis Haare. Und Paul-Hermann ist fast so blond wie Laras Locken. Kein Wunder, dass die beiden allerbeste Freunde sind.
Lara wird ganz aufgeregt, in ihrem Bauch kribbelt es. Sie nimmt Sinas Arm. „Darf ich mal reiten?", fragt sie.

Sina lacht. „Du bist wohl so ein richtiges Pferdemädchen, was?"
„Na ja." Lara wird rot. „Eigentlich bin ich noch nie geritten. Aber ich würde schrecklich gerne mal."

„Sie liebt Pferdegeschichten fast so sehr wie Elfengeschichten", erzählt Mama.
„Elfen, aha", sagt Sina. „Du weißt aber schon, dass Pferdemädchen nicht nur reiten? Pferdemädchen sein bedeutet eine Menge Arbeit."
„Wirklich?", fragt Lara. „Na ja, man muss die Pferde füttern, stimmt's?"
„Genau", sagt Sina. „Und wer reiten will, muss den Stall ausmisten. Das ist ziemlich viel Arbeit, die nicht immer Spaß macht. Pferdemädchen müssen auch ihre Pferde oder Ponys sauber machen und striegeln. Und natürlich müssen sie viel, viel üben. Ganz so einfach ist das Reiten nämlich nicht."
Lara macht ein langes Gesicht. In ihren Lieblingsfilmen sieht das Reiten immer so leicht aus. Das Saubermachen und Striegeln kommt da irgendwie nur am Rand vor.
Sina beruhigt sie. „Natürlich darfst du später gern eine Runde auf Paul-Hermann drehen. Ich führe euch dann. Kurt ist zu klein, auf dem kann man nicht reiten."
„Nicht einmal jemand, der winzig klein ist?", fragt Lara.
„Na, das müsste dann schon eine kleine Elfe sein", meint Sina und zwinkert ihr zu.
Lara wird es ganz heiß. Sina hat doch nicht mitbekommen, dass Fritzi auch zu Besuch ist, oder?
„Elfen?", fragt Lara.
„War nur Spaß", sagt Sina. „Wenn es Elfen gäbe, könnten

sie vielleicht auf Kurt reiten. Aber lasst uns erst mal Kuchen essen."

Sie zeigt auf den Tisch unter der riesigen Kastanie. Auf einer fröhlich gepunkteten Tischdecke steht schon buntes Geschirr bereit. Mama und Lara setzen sich, während Sina Kirschkuchen aus der Küche holt. Der sieht sehr lecker aus.
„Mit selbst gepflückten Kirschen!", sagt Sina stolz.

Mama und Sina trinken Kaffee, Lara trinkt Apfelsaft. Und Fritzi? Die sitzt vom Tischtuch verdeckt auf Laras Schoß im offenen Rucksack. Hier kann sie in Ruhe Kirschen naschen, die Lara ihr vom Kuchen zusteckt. Mama und Sina merken nichts davon. Kein Wunder, sie reden und lachen und lachen und reden. Lara gähnt. Sie hat längst ihren Kuchen aufgegessen. Sie hat keinen Hunger mehr und auch keinen Durst. Was macht sie denn jetzt bloß?
„Darf ich aufstehen?", fragt sie.
„Na klar, schau dich ruhig noch weiter um", sagt Sina. „Wir kommen gleich nach."
Na, das kann sicher dauern. Da übt Lara lieber schon mal, ein Pferdemädchen zu sein. Sie setzt sich den Rucksack mit Fritzi auf und schlendert über den Hof. Die Katze Pauline trippelt herbei und streicht um Laras Beine. Wieder schaut sie hoch zu Laras Rucksack.
„Verrate uns nicht!", flüstert Lara. Ob Pauline sie verstanden hat? Jedenfalls lässt sie Lara und Fritzi in Ruhe und jagt stattdessen einem Schmetterling hinterher.
Lara geht zum Stall. Pferdemädchen müssen den Stall ausmisten, hat Sina gesagt. Lara wird ihr zeigen, dass sie das kann. Aber erst braucht sie eine Mistgabel. An einer Mauer lehnen ein Besen, ein Rechen und tatsächlich eine Mistgabel. Oh, die ist ganz schön schwer! Lara zerrt die Mistgabel hinter sich her zur Stalltür. Fritzi ist aus

Laras Rucksack geklettert und zur halb geöffneten Tür vorgeflogen.

„Hier ist es gar nicht schmutzig!", ruft die Elfe.

Lara öffnet die Tür ganz und schaut in den Stall. Stimmt, der Stall sieht sehr ordentlich und frisch aus. Lara lehnt die Mistgabel an eine Wand. So schlimm findet sie es ehrlich gesagt nicht, dass sie jetzt nicht ausmisten kann. Trotzdem sieht sie sich im leeren Stall um. Es riecht gut nach Stroh und Pony.

An den Wänden hängen allerlei Dinge, von denen Lara nicht weiß, wozu sie gut sind. Wahrscheinlich Zaumzeug oder so. In der Ecke stehen ein Paar Gummistiefel und ein Eimer mit Möhren. Fritzi knabbert an einer Möhre.
„Nicht so lecker wie Kirschen!", verkündet sie.
Es gibt zwei Pferdeboxen. So heißen die Kabinen für die Ponys, das hat Sina ihnen vorhin erklärt. Vorne an den Törchen zu den Boxen hängt je ein ovales Holzschild, verziert mit kleinen Blümchen. Auf dem einen steht „Kurt", auf dem anderen „Paul-Hermann". Hier wohnen also die Ponys, wenn sie nicht auf der Weide stehen.
Die Elfe fliegt auf die Trennwand zwischen den beiden Boxen.
„Hoppe, hoppe, Reiter!", schreit sie und lässt sich ins Stroh fallen. Das sieht lustig aus!
Lara klettert auch auf die Trennwand.
„Wenn er fällt, dann schreit er", singt sie und landet neben Fritzi im Stroh.
„Noch mal, noch mal!", ruft die Elfe.
Immer wieder klettern Lara und Fritzi auf die Trennwand und lassen sich von dort ins Stroh fallen. Das macht viel mehr Spaß, als den Erwachsenen beim Quatschen zuzuhören!

Schon bald ist Lara ganz außer Atem und verschwitzt. Ihre Haare sind voller Stroh. Auch auf ihrem Kleid sind überall Halme. Sogar unter den Schnürsenkeln ihrer Turnschuhe haben sich welche verfangen.
Fritzi kichert. „Du siehst aber lustig aus!"
„Wie denn?", fragt Lara und sieht an sich hinunter.

„So stachelig mit all dem Stroh, wie ein richtiges Stachelschwein!", sagt Fritzi.

„Nicht wie ein Pferdemädchen?", fragt Lara, muss aber selbst lachen.

„Nö", sagt Fritzi. „Ich glaube nicht. Du siehst eher so aus, als ob du dringend mal sauber gebürstet werden müsstest."

„Gute Idee", sagt Lara, während sie sich Stroh vom Kleid klopft. „Wenn es schon mit dem Ausmisten nicht geklappt hat, striegeln wir jetzt wenigstens. Denn das machen Pferdemädchen."

„Striegeln?", fragt die Elfe. „Was ist das eigentlich?"

„Na, das bedeutet, das Fell auszubürsten", erklärt Lara.
„O ja, ich kann dir das Fell ausbürsten", sagt die Elfe eifrig.
„Der Igel braucht 'nen Striegel!"
„Mir sollst du doch nicht das Fell ausbürsten. Außerdem hab ich kein Fell, sondern Haare", sagt Lara. „Wir striegeln natürlich Tiere!"
Die beiden verteilen das Stroh wieder gleichmäßig, damit Sina nicht schimpft. Sie schließen den Stall und Lara schleift sogar die Mistgabel wieder zurück an ihren Platz an der Mauer. Anschließend machen sich die Freundinnen auf den Weg zur Weide.
„Vielleicht sollten wir zuerst mit den Ziegen üben", überlegt Lara. „Die sind bestimmt nicht so empfindlich wie Ponys, weil sie ein viel kürzeres Fell haben."
Lara ist nicht sicher, ob das stimmt, aber an die Ponys traut sie sich noch nicht ran. Und aus eigener Erfahrung weiß sie, dass Haare bürsten nicht so angenehm ist. Mama gibt sich zwar immer viel Mühe, wenn sie Lara morgens die langen Haare kämmt, aber es zieht trotzdem oft. Und Papa kann es auch nicht besser.
Erst als sie am Zaun stehen, fällt Lara auf, dass sie nichts zum Striegeln dabeihaben.
„Wir brauchen noch eine Bürste oder so", sagt sie. „Im Stall habe ich gar keine gesehen. Vielleicht war die in einen Schrank eingeschlossen?"

„Bürsten gibt es nicht nur im Stall!", ruft Fritzi. „Ich bin gleich wieder da!" Schon flattert sie davon. Tatsächlich fliegt sie nicht zum Ponystall, sondern zum Haus. Das Küchenfenster ist gekippt und schon ist die Elfe durch den Spalt geschlüpft. Was hat sie bloß vor?

Kurz darauf landet die Elfe wieder auf Laras Schulter. Sie ist schwer bepackt.

Lara grinst. Das ist keine Haarbürste oder Striegelbürste, sondern eine Spülbürste! Einen Schwamm hat Fritzi auch mitgebracht. Na, warum nicht? Jetzt müssen sie nur noch auf die Weide kommen. Lara könnte durch das Gattertor gehen, aber lieber klettert sie über den Zaun. Der ist zwar hoch, aber nicht so hoch wie der Zaun zum Garten der Nachbarn. Kein Problem für Lara, im Klettern ist sie mittlerweile geübt! Und Fritzi fliegt natürlich einfach über den Zaun hinweg.

Die Ziegen trinken gerade aus einem flachen Trog. Kein Wunder, dass sie bei dieser Hitze Durst haben! Lara könnte inzwischen auch wieder ein Glas Apfelsaft vertragen nach der Hopserei im Stall. Aber das muss warten.

Lara nähert sich mit der Spülbürste der weißen Ziege. Heidi heißt sie, das weiß Lara noch.

„Hallo, Heidi", sagt Lara. „Sollen wir dich richtig schön machen?"

Heidi schnuppert neugierig an der Bürste. Lara lässt sie

schnuppern, dann streicht sie vorsichtig mit der Bürste über das Fell. Der Ziege scheint das zu gefallen. Sie bleibt ganz ruhig stehen. Lara streicht ein bisschen fester über ihr Fell. Feine Härchen fliegen durch die Luft. Die Ziege sieht zufrieden aus.

„Brave Heidi, schöne Heidi", sagt Lara mit einschmeichelnder Stimme.

Fritzi ist in der Zwischenzeit auf Naomis Hals gelandet.

„Zeit fürs Gestriege, du Ziege!", ruft Fritzi.
Sie strubbelt der Ziege mit dem Schwamm über die Ohren. Das gefällt Naomi anscheinend überhaupt nicht. Die Ziege meckert laut und schüttelt sich.
„Huch!", ruft die Elfe. Sie verliert ihr Gleichgewicht und landet im Dreck. Nun sind ihre Beine, ihr Kleid und sogar ihre Flügel mit Schlamm bespritzt. Aber verletzt scheint sie nicht zu sein.
Lara lacht. „Du siehst aber lustig aus!", sagt sie.
„Wie denn?", fragt Fritzi.
„Wie ein richtiges Wildschwein!", sagt Lara.
Fritzi betrachtet begeistert die Flecken auf ihrem Kleidchen.
„Wie ein Wildschwein?", fragt sie. „Nicht wie ein Pferdemädchen?"
Lara schüttelt grinsend den Kopf.
Fritzi grunzt freudig.
„Genug geübt", findet Lara und schiebt die Spülbürste in ihre Tasche.
„Genau", sagt Fritzi. „Jetzt reiten wir endlich!"
O ja, auf das Reiten hat sich Lara schließlich schon den ganzen Tag gefreut. Aber nun bekommt sie Zweifel. „Sollen wir nicht lieber warten, bis Sina kommt?", fragt sie. „Sie wollte uns doch führen."
„Das kann dauern", warnt Fritzi. „Außerdem darf sie mich nicht sehen!"

Das stimmt natürlich. Lara gibt sich einen Ruck. So schwer kann das Reiten auf so niedlichen, braven Ponys gar nicht sein. Vielleicht kann sie Paul-Hermann vorsorglich mit etwas Leckerem in gute Laune versetzen? Blöd, dass sie nicht daran gedacht hat, eine Möhre aus dem Stall mitzunehmen. Sie rupft eine Handvoll Gras aus der Wiese. „Dann komm", sagt sie zu Fritzi und geht auf die Ponys zu. Kurt hebt den Kopf und wiehert. Er sieht fröhlich aus. Bestimmt will er sie begrüßen.

Trotzdem wagt sich Lara nur Schritt für Schritt an die Ponys heran. Sie versucht, alle hektischen Bewegungen zu vermeiden. Schließlich weiß sie, dass viele Tiere sehr schreckhaft sein können. Jetzt hebt Paul-Hermann den Kopf und schnaubt. Soll das auch eine Begrüßung sein? Er sieht sie an. Und dann trabt das Pony plötzlich los, direkt auf Lara zu. Sie ist so überrascht, dass sie für einen Moment wie angewurzelt stehen bleibt. Dann dreht sie sich um und rennt. Sie rennt, so schnell sie kann. Das Grasbüschel lässt sie einfach fallen. Sie hört das Getrappel näher kommen. Was hat Paul-Hermann nur, sie hat ihm doch nichts getan! Schnappt er schon nach ihr? Lara wendet im Laufen den Kopf. Das Pony ist dicht hinter ihr. Schnell weiter! Aber da ist der Trog, direkt vor ihr! Lara kann weder ausweichen noch schnell genug bremsen. Sie stolpert und landet – *platsch!* – im Trog. O nein!

Im selben Augenblick saust etwas an Lara vorbei. Etwas Gelbes mit roten Tupfen. Das ist natürlich Fritzi! Will die kleine Elfe etwa den großen Paul-Hermann aufhalten? Sie landet genau auf der Stirn des Ponys. Und tatsächlich: Mit einem Ruck bleibt es stehen. Es guckt ungläubig und versucht, die Elfe abzuschütteln. Doch Fritzi ist stark. Sie hält sich an Paul-Hermanns blonder Mähne fest, bis er aufhört, den Kopf zu schütteln.

„Braves kleines Pony", sagt die Elfe.

Geschickt klettert sie an der Mähne hoch, zwischen den Ohren hindurch über den Hals des Ponys bis auf seinen Rücken. Sie setzt sich bequem hin, ergreift die Mähne und fängt an zu singen: „Über Stock und über Steine, aber brich dir nicht die Beine, hopp, hopp, hopp, Pferdchen, lauf Galopp!"

Lara hievt sich unterdessen schnell aus dem Trog. Aber Paul-Hermann scheint sich von Fritzis Gesang nicht aus der Ruhe bringen zu lassen.

Lara sieht an sich herab. Sie ist ordentlich nass geworden. Gut, dass es heute so warm ist! Sie bringt noch etwas mehr Abstand zwischen sich und das Pony und wringt ihr Kleid aus, so gut es geht. Ihr Herz klopft immer noch schnell. Paul-Hermann hat sich offensichtlich beruhigt. Möglicherweise hatte er einfach Hunger und dachte, dass Lara ihm etwas geben wollte? Friedlich rupft er etwas Gras aus der Wiese und lässt sich von der vor sich hin summenden Elfe auf seinem Rücken weiterhin nicht beirren. Auch Kurt frisst entspannt vor sich hin. Puh!
„Lara!", ertönt es aus Richtung des Hauses.
Da kommen Mama und Sina um die Ecke. Blitzschnell verlässt die Elfe ihr Reittier und verschwindet in Laras Rucksack, bevor die Frauen an der Weide angelangt sind. Mamas Lächeln verschwindet aus ihrem Gesicht, als sie die nasse Lara sieht.
„Was ist passiert?", fragt Mama.
„Nichts", sagt Lara schnell. „Hab mich nur ein bisschen erfrischt. Es ist ja so warm."
Mama runzelt die Stirn und schaut zum grasenden Paul-Hermann hinüber.
„Erfrischt, soso", sagt sie zweifelnd. „Du wolltest doch nicht etwa heimlich reiten? Ganz allein, ohne Sinas Hilfe?"
„Aber nein!" Lara wird rot, obwohl das gar nicht ganz gelogen ist. Denn allein wollte sie wirklich nicht reiten,

sondern zusammen mit Fritzi, auch wenn sie das Mama nicht verraten kann.

„Sina hat ja gesagt, dass ich noch viel, viel üben muss, bis ich ein Pferdemädchen bin", sagt Lara. „Das habe ich schon verstanden."

Sina nickt. In ihrem Mundwinkel zuckt es.

Mamas Blick wandert von Laras nassem Kleid zu den Strohhalmen in Laras Haaren.

„Du siehst ja aus!", sagt sie.

„Wie denn?", fragt Lara.

In Laras Rucksack kichert es leise und eine Elfenstimme flüstert: „Wie ein Wasserschwein?"
Das hört aber nur Lara.
Sina lacht. Es ist ein fröhliches Lachen, wie Lara erleichtert feststellt. Mamas Freundin scheint nicht böse auf sie zu sein. „Wie du aussiehst?", fragt sie. „Das kann ich dir sagen: Wie ein richtig tüchtiges Pferdemädchen siehst du aus! Denn wer sich mit Ponys beschäftigt, bleibt nicht sauber, das ist klar."
„Sina und ich haben ganz schön lange gequatscht", sagt Mama. „Das war bestimmt langweilig für dich."

„Och", sagt Lara. „Es geht. Tut mir leid, dass ich im Trog gebadet habe."
„Kein Problem", sagt Sina. „Möchtest du jetzt eine Runde reiten? Das hab ich dir ja versprochen. Oder bist du zu nass dafür?"
Lara strahlt. „Wenn es Paul-Hermann nicht stört …"
„Den stört das überhaupt nicht, der freut sich sogar über eine Erfrischung, stimmt's, mein Braver?", fragt Sina und zaubert zwei Möhren aus den Taschen ihrer Shorts. Eine für Kurt und eine für Paul-Hermann. Sie ist wirklich sehr nett, da hat Mama recht.
Und dann reitet Lara wirklich nicht nur eine, sondern gleich sieben Runden auf Paul-Hermann. Sina führt das Pony am Halfter. Ganz brav trottet es über die Weide.
„Schneller?", fragt Sina zwischendrin.
„Ach nein", sagt Lara und lacht glücklich. „So ist es auch schon ganz, ganz wunderbar!"
Und einer kleinen frechen Elfe in Laras Rucksack scheint es so gut zu gehen, dass sie friedlich schnorchelnd eingeschlafen ist.
Als Mama und Lara am Abend nach Hause fahren, ist Laras Kleid wieder trocken.
„Und?", fragt Mama. „Wie findest du Sina?"
„Supernett", sagt Lara. „Die können wir gerne bald wieder besuchen."

Ein aufregender Schultag

„Und?", fragt Papa. „Alles dabei?"
Lara hält die Tüte mit der Papierrolle hoch. „Alles dabei!", bestätigt sie. Die Papierrolle ist ein Plakat, das Lara in den letzten Tagen für die Schule gebastelt hat. Sie hat sich viel Mühe gegeben und alles ganz allein gemacht – ohne Mamas oder Papas Hilfe. Sie sollen in der Schule über etwas berichten, das fliegen kann. Ist ja klar, worüber Lara sprechen wird. Über Elfen! Die können schließlich sehr gut fliegen, das weiß sie aus Erfahrung. Für ihren Vortrag hat sie übrigens noch mehr eingepackt als das Plakat. Na ja, nicht wirklich eingepackt, aber tatsächlich sitzt eine echte Elfe in Laras Schultasche. Fritzi kommt heute mit in die Schule. Aber das verrät Lara Papa nicht. Er weiß nämlich noch immer nichts von Laras geheimer Elfenfreundin.
„Dann los!", sagt Papa. Er begleitet Lara wie fast jeden Morgen zur Schule. Sie hüpft so aufgeregt neben ihm her, dass die Tasche mit dem Plakat wild hin und her schwingt.
„Willst du mir immer noch nicht verraten, wovon dein Vortrag handelt?", fragt Papa.
Lara schüttelt den Kopf.
„Worüber haben denn die anderen Kinder was erzählt?", fragt Papa.
„Lea hat über Schmetterlinge gesprochen", sagt Lara. „Wusstest du, dass Schmetterlinge nur fliegen können, wenn es warm genug ist?"

Das wusste Papa nicht. Er wusste auch nicht, dass es Schmetterlinge gibt, die fast so schnell fliegen können, wie Autos in der Stadt fahren dürfen.
„Nick hat was über Eulen erzählt", erinnert sich Lara. „Eulen fliegen meistens nachts und man kann sie dabei kaum hören."
„Wie angenehm", sagt Papa. „Schade, dass Flugzeuge nicht so leise sind."
Lara kichert. Selma hat ein Plakat über Flugzeuge gemacht. Das war wirklich sehr interessant. Selma kennt sich gut mit Flugzeugen aus, weil ihr Onkel Pilot ist. Selma war sogar am Flughafen und hat viele Fotos gemacht.
Mittlerweile sind sie bei der Schule angekommen. Papa gibt Lara einen Kuss und Lara geht mit den anderen Kindern ins Schulgebäude.
„Dann wollen wir sofort loslegen mit den heutigen Vorträgen", sagt Frau Engel, die Lehrerin. „Wer möchte?"
Laras Arm saust in die Höhe.
„Prima, Lara, dann komm mal nach vorne", sagt Frau Engel. Sie hilft Lara, ihr Plakat mit Magneten an der Tafel zu befestigen.
„Das ist aber schön bunt geworden!", lobt die Lehrerin.
Lara freut sich. Ihr Mund ist ein bisschen trocken, weil sie so aufgeregt ist. Aber das ist egal.
„Heute erzähle ich euch etwas über Elfen. Die können

nämlich richtig gut fliegen", sagt sie. „Elfen sind sehr klein. Sie sind nur etwa so groß wie Frau Engels Hand."
Frau Engel nickt Lara ermunternd zu.
Lara macht weiter: „Elfen haben struppige schwarze Haare …"
Die Kinder lachen.
„Elfen haben keine struppigen schwarzen Haare", protestiert Lea. „Die haben blonde Locken."
„Nein", beharrt Lara. „Das habe ich zwar früher auch gedacht, aber das stimmt nicht. Sie haben schwarze Haare. Und sie sind ganz schön frech. Manchmal jedenfalls."
„Elfen sind nicht frech", ruft Selma dazwischen. „Die sind lieb und süß!"
„Ja, süß schon, aber …", sagt Lara.
Da prustet Nick los. „So ein Quatsch, Elfen gibt es gar nicht!"

Lara wird rot.

„Jetzt seid ihr bitte mal leise", sagt Frau Engel. „Lara ist mit ihrem Vortrag noch nicht fertig. Es ist doch egal, ob es Elfen gibt oder nicht."

Egal? Das ist überhaupt nicht egal! Lara merkt, wie sie richtig wütend wird. Die haben alle keine Ahnung.

„Ich habe sogar eine Elfe dabei", sagt sie und stapft zu ihrem Platz. Sie öffnet die Schultasche.

„Fritzi!", ruft sie leise. „Fritzi, komm raus!"

Niemand antwortet. Nur in der Klasse kichern die anderen Kinder. Lara kramt zwischen ihren Heften und schaut in alle Fächer. Aber da ist keine Fritzi. Dabei weiß Lara genau, dass ihre Elfenfreundin vorhin noch in der Tasche saß. Sie wollte nämlich unbedingt dabei sein, wenn Lara ihr Plakat vorstellt. Und jetzt?
„Meine Elfe ist weg!", ruft Lara.
Da lachen die Kinder noch lauter als vorher.

Frau Engel kommt zu Laras Platz und legt ihr tröstend eine Hand auf den Arm.
„Ihr sollt doch kein Spielzeug mit in den Unterricht nehmen", sagt sie. „Vielleicht hast du die Puppe auf dem Schulhof verloren? Wir können gleich den Hausmeister fragen, ob er etwas gefunden hat."
Lara schüttelt Frau Engels Hand ab. Fritzi ist kein Spielzeug! Sie ist eine echte Elfe, auch wenn Lara das bisher noch niemandem verraten hat.
Lara blinzelt eine Träne weg. Weiter nach Fritzi zu suchen, hat im Moment wohl keinen Sinn. Sie setzt sich an ihren Platz, vergräbt den Kopf in den Armen und sagt bis zum

Klingeln kein Wort mehr. Gut, dass Frau Engel so eine verständnisvolle Lehrerin ist. Sie lässt Lara in Ruhe. Da verzeiht ihr Lara sogar fast den Spruch mit dem Spielzeug. Aber nur fast.

Während Tom seinen Vortrag über Bienen hält, hört Lara kaum zu. Bienen sind ihr gerade wirklich ganz egal.

Auch in der zweiten Stunde kann sich Lara nicht gut auf den Unterricht konzentrieren. Immer wieder fragt sie sich, wo Fritzi nur geblieben sein könnte. Ist sie schon vor Schulbeginn aus der Schultasche geflogen? Aber warum? Und wohin? Die Elfe hatte sich so darüber gefreut, dass Lara sie mit in die Schule nehmen wollte. Und jetzt? Jetzt hat sie Lara den ganzen Tag verdorben.

Als es zur Frühstückspause klingelt, fühlt sich Laras Magen wie ein fester Klumpen an. Sie knabbert lustlos an ihrem Butterbrot. Die Kirschen, die ihr Mama mitgegeben hat, rührt sie nicht an. Auf die Hofpause hat sie überhaupt keine Lust. Aber wie immer scheucht Frau Engel alle Kinder hinaus.

„Frische Luft schnappen ist ganz, ganz wichtig für Schulkinder", sagt sie. „Sonst klappt es mit dem Lernen nicht."

Bei Lara klappt es heute mit dem Lernen sowieso nicht. Als Lea fragt, ob Lara mit ihr Hüpfkästchen spielen will, schüttelt Lara nur den Kopf. Im Moment kann sie keine Gesellschaft gebrauchen. Deshalb steuert sie die kleine Mauer am Rand des Schulhofs an. Dort ist nämlich gerade niemand. Sie hockt sich darauf, umschlingt ihre Knie und grummelt vor sich hin. Sie ist immer noch wütend auf die anderen Kinder und ihr Gelächter. Und auch ein bisschen auf Frau Engel. Besonders wütend ist Lara aber auf Fritzi.

Warum lässt ihre Elfenfreundin sie ausgerechnet dann im Stich, wenn es darauf ankommt? Lara versteht das einfach nicht.

Da setzt sich jemand neben Lara auf die Mauer und räuspert sich. Sie hebt den Blick. Es ist Ben.

„Hallo", sagt er. „Geht's dir wieder besser?"

Lara antwortet nicht.

Ben lässt nicht locker. „Sollen wir deine Elfe suchen?", fragt er.

Lara runzelt die Stirn. Warum fragt er das? Will er sich über sie lustig machen? Soweit sie weiß, ist Ben mit Nick befreundet. Und der war vorhin wirklich gemein.

„Elfen gibt es gar nicht", brummt Lara und dreht sich weg. Aber Ben bleibt sitzen.

„He", sagt er. „Wir können …"

Da steht Lara auf und lässt Ben einfach allein auf der Mauer sitzen. Der soll sie bloß in Ruhe lassen. Wütend stapft sie eine Weile über den Schulhof. Dann bleibt sie unschlüssig stehen. Sie kommt sich doof vor. Außerdem ist es langweilig so allein. Vielleicht sollte sie doch mit Lea Hüpfkästchen spielen? Die hat nicht so laut gelacht wie die meisten anderen.

Leider spielt Lea ausgerechnet mit Nick Hüpfkästchen. Zögernd stellt sich Lara mit etwas Abstand zu den beiden.

Nick hüpft eine Runde, dann grinst er Lara an. „Willst du mitspielen?"

„Vielleicht", sagt Lara und kommt einen Schritt näher.

„Deine Elfe kann ja auch mitspielen", sagt Nick. „Oder hast du sie etwa immer noch nicht gefunden?"

Lara kneift die Lippen zusammen. Nick ist genauso blöd wie vorhin.

„Ich bin dran!", ruft Lea und hebt den Stein hoch. Sie versucht, ihn auf das Feld mit der Drei zu werfen.

Doch während der Stein durch die Luft fliegt, saust etwas anderes herbei. Etwas Kleines. Keine Amsel und kein Fink und auch sonst kein Vogel. Es schnappt sich den Stein im Flug und flattert mit ihm davon.

„Hä?", macht Lea und reißt die Augen auf.

„Was war das denn?", fragt Nick. Sein Grinsen ist verschwunden.

„Jedenfalls keine Elfe", sagt Lara grimmig. „Die gibt es nämlich nicht, wie du weißt."

Aber zumindest weiß sie nun, dass Fritzi wieder da ist.

Lara schlendert quer über den Schulhof zum Zaun.

Dort stehen Linus und Tom. Sie tauschen Sammelkarten. Das machen sie fast in jeder Pause. Mal sind es Fußballkarten, mal Karten von irgendwelchen tollen Autos, komischen Tieren oder Monstern. Lara findet das normalerweise nicht so interessant. Trotzdem will sie heute ein

Weilchen zugucken. Dann ist die Pause vielleicht schneller vorbei.

Linus hebt den Kopf. „Willst du mittauschen?", fragt er.

Tom wirft Lara einen Blick zu. „Die hat bestimmt höchstens Karten von Elfen", sagt er spöttisch. „Na, wo ist jetzt deine Elfe?"

„Doofmann", zischt Lara und will schon weggehen,
als etwas Gelbes mit roten Punkten blitzschnell an den
Jungen vorbeisaust. Linus und Tom schreien auf und
lassen vor lauter Schreck alle Karten fallen. Die landen
auf dem Boden.
So ein Durcheinander!

Tom bückt sich nach den Karten und Linus sieht sich verwirrt um. „Was war das denn?", fragt er.
Lara zuckt die Schultern. „Jedenfalls keine Elfe", sagt sie. „Die gibt es nämlich nicht, wie ihr ja wisst."
Sie muss sich ein Grinsen verkneifen. Wie blöd die Jungs gucken! Lara sieht sich um, aber Fritzi scheint sich wieder versteckt zu haben.
Da klingelt es endlich. Die Pause ist zu Ende. Alle Kinder strömen zu den Aufstellplätzen.
Plötzlich steht Ben neben Lara. Was will der denn schon wieder? Will er sich womöglich beschweren, weil Lara ihn vorhin einfach auf der Mauer hat sitzen lassen?
„Sollen wir zusammen reingehen?", fragt er schüchtern.
„Mir egal", sagt Lara. Aber das stimmt eigentlich nicht. Sie freut sich über Bens Frage. So muss sie nicht allein reingehen und sich blöde Sprüche anhören. Denn tatsächlich plaudert Ben auf dem Weg bis zum Klassenraum nur über seine Kaninchen. Manchmal wirft er Lara einen Blick von der Seite zu. Aber Lara schweigt.

In der nächsten Stunde haben sie Deutsch. Erst lesen sie abwechselnd eine Geschichte aus dem Lesebuch vor. Sie handelt von einem Nachmittag auf dem Bauernhof. Lara meldet sich. Sie kann schon ganz gut vorlesen. Und Bauernhoftiere mag sie sehr. Sie muss sofort wieder an ihren Besuch bei Mamas Freundin Sina denken. Wie sie dort auf Paul-Hermann reiten durfte. Das war so toll! Bald wollen sie Sina wieder besuchen und dann darf Lara auch beim Stallausmisten helfen. Als Lara daran denkt, wird ihre Laune sofort besser. Fritzi wird schon wieder auftauchen. Frau Engel ist sehr zufrieden mit Lara. Da wird ihre Laune noch besser.

Nach dem Vorlesen sollen die Kinder einen Text abschreiben. Es kommen einige schwierige Wörter darin vor und alle strengen sich an. Es ist ganz leise in der Klasse. Nur von draußen sind ein paar Geräusche zu hören, weil eins der Fenster gekippt ist. Vögel zwitschern, ein Rasenmäher brummt und ein Auto hupt.

Lara schaut zum Fenster. In diesem Moment fliegt jemand durch den offenen Spalt. Das ist doch Fritzi! Lara zuckt zusammen.

Die Elfe zwinkert Lara zu und legt einen Finger auf die Lippen. Dann versteckt sie sich hinter einer Kiste. Darin sind Trommeln und Schellen. Die brauchen sie manchmal für Musik. Dann begleiten sie sich nämlich selbst beim Singen. Schön klingt das.

„Lara?", fragt Frau Engel und lässt Lara damit noch einmal zusammenzucken. „Hast du eine Frage?"

„N... Nein", stottert Lara.

„Na, dann schreib mal weiter", sagt Frau Engel. „Nicht träumen!"

Lara guckt wieder in ihr Heft. Beim nächsten Wort werden die Buchstaben ganz krumm. Das liegt daran, dass Lara immer an Fritzi denken muss. Was hat die Elfe vor? Heckt sie einen Streich aus?

Da macht es plötzlich *kling, klang, klingeling*.

Alle Kinder blicken von ihren Heften auf. Das Geräusch

verstummt. Frau Engel lässt den Blick über die Klasse wandern.
Da macht es *schepper, klirr, klingklong*.
Alle Kinder schauen sich um, doch das Geräusch hört genauso schnell auf wie beim letzten Mal.
„Wer war das?", fragt Frau Engel streng. „Wer findet es lustig zu stören?" Die Kinder schauen ratlos. Niemand meldet sich.

„Hm", macht Frau Engel. „Schreibt bitte weiter. Ich möchte nichts mehr hören."
Da macht es *bum, bäng, bumdibum*.
„Zum letzten Mal", sagt Frau Engel und schaut jetzt ein wenig böse. „Wer war das?"
„Ich nicht!", ruft Nick.
„Das war bestimmt ein Geist", flüstert Selma. Sie sieht richtig ängstlich aus.

„Nee, das war 'ne Maus", sagt Linus. „Mein Opa hatte letztens Mäuse im Haus. Die haben ständig rumgeraschelt."
„Auf Mäuse könnte ich gut verzichten", murmelt Frau Engel.
„Vielleicht war es ja eine Elfe?", fragt Ben.
Die Kinder lachen. Aber nicht mehr so laut wie vorhin. Und Lara sagt nichts. Sie weiß genau, wer den Krach veranstaltet hat. Aber sie wird Fritzi trotzdem nicht verraten.
Bis zur nächsten Stunde gibt es keine komischen Geräusche mehr.
„Vielleicht ist die Maus eingeschlafen", vermutet Linus.
„Hauptsache, es war kein Geist", sagt Selma. Sie sieht nicht mehr so ängstlich aus wie vorhin.
Frau Engel schaut sich die Hefte an. „Etwas ordentlicher schreiben!", ermahnt sie Lara.
Danach steht Kunst auf dem Stundenplan. Laras Lieblingsfach! Die Kinder sollen schon mal ihre Farbkästen aus dem Schrank holen und ihre Becher mit Wasser befüllen.
Ben meldet sich. „Darf ich neben Lara sitzen?"
Lara wird ganz warm im Bauch vor Freude.
„Ist dir das recht, Lara?", fragt Frau Engel. Lara nickt und Ben nimmt seine Sachen und setzt sich auf den leeren Platz neben sie.
„Hallo", sagt er.
„Hallo", sagt Lara und lächelt.

„Können wir heute mal ein cooles Piratenschiff malen?", fragt Nick.

Die Lehrerin schüttelt den Kopf. „Heute sollt ihr eine Blumenwiese malen."

Nick stöhnt. Blumen sind wohl nicht so nach seinem Geschmack. Aber Lara mag Blumen und die meisten anderen in der Klasse anscheinend auch.

Frau Engel erklärt, wie sie es sich vorstellt: „Benutzt für die Blüten so viele Farben und Formen wie möglich. Es dürfen Fantasieblumen sein oder Blumen, die ihr kennt. Wie ihr mögt! Wichtig ist, dass kein Flecken auf dem Papier weiß bleibt. Denkt also an die Blätter und Stängel der Blumen und die Gräser dazwischen."

Lara klappt ihren Farbkasten auf. Sie taucht den Pinsel in ihren Wasserbecher.

„Dürfen auch Schmetterlinge auf das Bild?", fragt Lea.

„Gern, warum nicht?", sagt Frau Engel.

„Und Vögel?", fragt Nick.

„Von mir aus auch Vögel, wenn noch genug Blumen zu sehen sind", sagt Frau Engel.

„Dann mal ich einen Geier!", sagt Nick.

„Darf auch eine Elfe aufs Bild?", fragt Ben.

Frau Engel seufzt. „Am wichtigsten sind die Blumen. Es soll eine Blumenwiese werden, keine Geierwiese oder Elfenwiese."

Lara muss kichern. Geierwiese, das klingt wirklich komisch.

„Stell dir mal lauter Geier vor, die über eine Blumenwiese tanzen", flüstert Ben. Da muss Lara noch mehr kichern.

Sie und Ben stecken die Köpfe zusammen. Sie haben so viel Spaß!

Aus dem Augenwinkel sieht Lara Fritzi durch die Luft fliegen. Auweia! Die Elfe fliegt pfeilschnell auf Bens Becher zu und kickt ihn um. Bevor Ben richtig hinschauen kann, ist sie schon hinter einem Blumentopf verschwunden. Aber Lara hat genau gesehen, wie böse Fritzi geguckt hat.

Ben springt erschrocken auf. „O nein, mein Bild!", ruft er. Das Wasser aus dem Becher breitet sich auf seinem Zeichenblock aus. Die Ränder der Blüten verlaufen und das Wasser sucht sich seinen Weg über den Schreibtisch bis auf den Boden, wo es in eine kleine Pfütze tropft. Sogar Bens Hose hat ein paar Tropfen Wasser abbekommen.
„War das etwa …?", fragt er, während er den Becher schnell wieder aufrecht stellt. Was natürlich nicht viel bringt, weil der sowieso schon leer ist.
Lara ist auch aufgesprungen. Sie nickt unglücklich, obwohl sie selbst trocken geblieben ist. Warum muss Fritzi ausgerechnet dann auftauchen, wenn es am allerwenigsten passt? Und warum muss sie alles noch schlimmer machen?
Selbstverständlich hat Frau Engel die Unruhe bemerkt. Sie kommt zu Laras und Bens Tisch gestürmt.
„Was ist denn hier passiert?", fragt sie. „Ben, hast du den Wasserbecher umgestoßen?"
„Nein!", sagt Ben. „Das war ich nicht."
„Lara?", fragt Frau Engel.
„Lara war das auch nicht", verteidigt Ben sie. „Die Elfe hat den Becher umgestoßen!"
Die Kinder tuscheln. Nick kichert, aber nur kurz.
Frau Engel zieht die Augenbrauen zusammen. Nun sieht sie richtig streng aus. Und so hört sie sich auch an: „Jetzt reicht

es mir langsam mit den Elfen! Ich lass mich nicht veräppeln. Du musst besser aufpassen, Ben!"

Ben will noch etwas sagen, aber Lara stößt ihm mit dem Ellenbogen in die Seite. Ben klappt den Mund wieder zu und nickt.

Frau Engel seufzt. „Macht erst mal bitte die Sauerei hier weg!"

Ben holt ein Päckchen Taschentücher aus seiner Schultasche und beginnt, das Wasser aufzutupfen.

„Das reicht nicht, ich hol Papiertücher", sagt Lara.

„Du musst wohl welche von den Toiletten holen", meint Frau Engel, während sie zurück zum Lehrertisch geht.

„Die am Waschbecken sind alle. Beeil dich! Schließlich soll das Blumenbild heute noch fertig werden."

Lara wetzt aus der Klasse. Zum Glück sind am Ende des Flurs die nächsten Toiletten. Die Papiertücher liegen neben dem Waschbecken. Sie nimmt sich einen ganzen Stapel. Gerade tritt sie wieder zurück auf den Gang, da fliegt plötzlich eine kleine Elfe herbei. Sie zieht an den Tüchern in Laras Hand. Fast wären sie ihr heruntergefallen.

„Was soll das?", schimpft Lara. „Und was ist heute los mit dir? Warum wollte ich dich bloß mitnehmen in die Schule? Den ganzen Morgen machst du nur Blödsinn. Hör endlich mal auf damit!"

Die Elfe kichert frech und streckt Lara die Zunge raus.
„Lalalalalala", singt sie. „Mit wem sprichst du überhaupt? Mit einem Geist?"
„Nein, ich spreche mit dir und das weißt du ganz genau!", sagt Lara böse.
„Nee, nee, das kann nicht sein", sagt Fritzi. „Mit mir kann man nicht sprechen, weil es mich nämlich nicht gibt, wie du weißt."
Lara klemmt sich die Tücher unter den Arm. „Natürlich gibt es dich", sagt sie. „Erzähl nicht so einen Unsinn."
Fritzi verschränkt die Arme vor der Brust.
„Ach ja?", sagt sie. „Vorhin hast du aber was anderes erzählt."
Da hat Fritzi recht. Und das tut Lara auch leid. Aber andererseits hatte Lara einen guten Grund dafür.
„Du bist einfach abgehauen, als alle über mich gelacht haben", erklärt Lara trotzig. „Deshalb habe ich gesagt, dass es keine Elfen gibt."
„Ich dachte, ich bin deine geheime Elfenfreundin", sagt Fritzi leise.
Sofort bekommt Lara ein schlechtes Gewissen. „Ja, das bist du. Du bist geheim, aber natürlich gibt es dich trotzdem", sagt sie. Sie ist zwar immer noch ein bisschen böse auf Fritzi, trotzdem hält sie ihr eine Hand hin. Fritzi landet auf ihrem Handteller und lächelt zaghaft.

„Ich weiß, dass es dich gibt", sagt Lara. „Und Ben weiß das seit heute auch. Aber sonst niemand."
Schon guckt Fritzi wieder grimmiger. Sie stemmt die Fäuste in die Seiten.
„Ben ist blöd", murmelt sie.
„Nein, Ben ist überhaupt nicht blöd", sagt Lara. „Ich glaube, er ist ab heute sogar mein Freund."
Fritzi kneift die Lippen zusammen. Dann sagt sie: „Also brauchst du mich wohl nicht mehr." Sie schnieft.
Da legt Lara die Tücher auf den Boden. Sie nimmt Fritzi in den Arm. Ganz, ganz vorsichtig, damit die zarten Flügel nicht zerknittern.
„Natürlich brauche ich dich", sagt sie. „Nur weil Ben jetzt mein Freund ist, bist du nicht weniger wichtig für mich!"
Fritzi tupft sich eine Träne von der Wange.
„Das glaube ich nicht", sagt sie leise.
„Doch, das kannst du mir glauben!", sagt Lara mit Nachdruck. „Nur mit dir macht es so viel Spaß, Kröten zu streicheln und Kirschen zu essen. Nur mit dir kann ich so schön im Heu toben und Ziegen striegeln. Nur mit dir kann ich auf dem Dachboden tanzen."
Die Elfe lächelt. „Und Kutsche fahren?", fragt sie zaghaft.
„Und Kutsche fahren, genau!", sagt Lara.
„Okay …", sagt die Elfe und sieht nicht mehr so grimmig aus.

„Du bist meine allerbeste Freundin für immer und ewig",
sagt Lara. „Aber für die Schule bist du vielleicht noch zu
klein."
„Schule?" Die Elfe grinst schelmisch. „Was für eine Schule?
Schulen gibt es doch gar nicht!"
Lara grinst. Natürlich ist das Quatsch, was Fritzi erzählt. Es
gibt Schulen. Aber für eine Elfe sind sie nicht so wichtig.
Aber das ist egal, solange Fritzi und Lara Freundinnen sind.
Und das sind sie, ganz in echt!